ADAC

Irland

von Cornelia Lohs

10 ADAC Top Tipps

Das müssen Sie gesehen haben! Die zehn Top Tipps bringen Sie zu den absoluten Highlights.

25 ADAC Empfehlungen

Unterwegs gut beraten: Diese 25 ausgesuchten Empfehlungen machen Ihren Urlaub perfekt.

Preise für ein DZ mit Frühstück:

€ | bis 120 €
€€ | bis 200 €
€€€ | ab 200 €

Preise für ein Hauptgericht:

€ | bis 15 €
€€ | bis 25 €
€€€ | ab 25 €

Seite 12

Intro

Magazin

Seite 28

Seite 24

Seite 54

Im Blickpunkt

Unterwegs

Seite 90

Seite 155

Zu diesen Orten und Sehenswürdigkeiten finden Sie Detailkarten im Innenteil des Reiseführers.

Service

Umschlag:

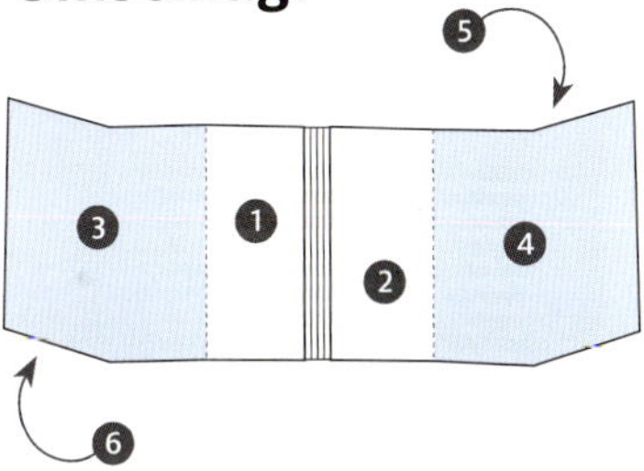

ADAC Top Tipps: Vordere Umschlagklappe, innen 1

ADAC Empfehlungen: Hintere Umschlagklappe, innen 2

Übersichtskarte Irland Süd: Vordere Umschlagklappe, innen 3
Übersichtskarte Irland Nord: Hintere Umschlagklappe, innen 4
Stadtplan Dublin: Hintere Umschlagklappe, außen 5
Ein Tag in Dublin: Vordere Umschlagklappe, außen 6

Irland – smaragdgrünes Juwel im Atlantik

Die »grüne Insel« bietet einen erstaunlichen Reichtum an Landschafts- und Kulturhighlights – und überall Irish Folk

Romantische Klosterruinen bilden Landmarken in der weiten, einsamen Landschaft

Wer einmal durch Irland gereist ist, den lässt die Insel am westlichen Rand Europas nicht mehr los. Es ist die Sinfonie von steil abfallenden Klippen, tosenden Atlantikwellen, schroffen Bergen, endlos grünen Ebenen, durchzogen von sanften Hügelketten, einsamen Seen, langen Sandstränden und kleinen Buchten, die Irland so faszinierend macht. Dazu gesellen sich karge Inseln, quirlige Städte, prachtvolle Schlösser, geheimnisvolle Ruinen, dank des milden Golfstrom-Klimas prächtige Landschaftsgärten und nicht zuletzt die einzigartige Herzlichkeit der Insulaner.

Dublin – lebendige Hauptstadt

»Ich komme nach Dublin, und zwei Tage später sieht man mich mit einem Haufen neuer Freunde an der Liffey sitzen«, so der Rolling Stone Ron Wood.

So ist Dublin. Man fühlt sich sofort unter Freunden, auch wenn man niemanden kennt. Schon allein deshalb ist die Stadt der ideale Ausgangspunkt für Erstreisende. Die Hauptstadt an der Dublin Bay war Zentrum des Jahrhunderte währenden Unabhängigkeitskampfes gegen England und ist voller Gebäude und Plätze, die untrennbar

damit verbunden sind. Die Stadt ist nicht nur die Wiege der irischen Nation, sie ist auch die heimliche Welthauptstadt der englischsprachigen Literatur. Gemessen an ihrer Größe hat sie überdurchschnittlich viele weltbekannte Schriftsteller und Dichter sowie gleich drei Literaturnobelpreisträger hervorgebracht und erhielt 2010 den Titel »UNESCO City of Literature«. Das Zentrum ist mit 500 000 Einwohnern relativ überschaubar, und viele Attraktionen sind zu Fuß zu erreichen. Interessieren Sie sich für Literatur? Dann begeben Sie sich doch auf die Spuren berühmter Autoren und schauen sich beim Mittagessen ein Theaterstück an. Oder für Geschichte? Dann sollten Sie auf keinen Fall EPIC Ireland und das Kilmainham Gaol verpassen. Und für Architekturfreunde: Die Häuser im georgianischen Stil rund um St. Stephen's Green sind ein optischer Hochgenuss. Oder lernen Sie bei einer Tour durch einige der 775 Pubs der Stadt die Pub-Kultur Irlands kennen. Der Pub ist das »zweite Wohn-

Über die Ha'penny Bridge (oben) gelangt man in die South Side von Dublin, u. a. zu St. Stephen's Green (unten)

Nach ausgedehnten Wanderungen, ob durch die Wicklow Mountains (oben) oder am Sheep's Head (unten), lockt immer der fröhlich-gesellige Pub

zimmer« der Hauptstädter. Hier wird diskutiert, gestritten, geschrieben und musiziert. Nirgendwo sonst lassen sich so schnell Kontakte knüpfen.

Das Meer ist nie weit …

Ob man von Dublin aus den malerischen Süden der Insel, die raue Westküste oder den Norden ansteuert: Die Hauptstadt an der Ostküste liegt von keinem der Ziele weit entfernt. So sind es zwei Fahrtstunden bis Belfast, etwas über drei Stunden nach Cork und zweieinhalb Stunden bis Galway. In ihrer Ausdehnung misst die Insel an ihrem längsten Punkt 486 km und an der breitesten Stelle 280 km, bei knapp 1500 km Küstenlinie ist man so nie weiter als zwei Autostunden vom Meer entfernt. Südlich von Dublin erhebt sich die einsame Gebirgslandschaft der Wicklow Mountains. Mit Tannenwäldern, Tälern, Hochmooren, kleinen Seen, Flüssen und Wasserfällen ist sie das schönste Wandergebiet an der Ostküste.

Magische Landschaft der Midlands

Die meisten Irland-Besucher reisen entlang der Küste und übersehen dabei das Land in der Mitte mit den vier Grafschaften Laois, Longford, Offaly und Westmeath. Dabei haben die dünn besiedelten Midlands ihren ganz eigenen Charme. In der Landschaft aus Mooren, Seen und Flüssen, allen voran dem Shannon, befinden sich zwei außergewöhnliche Sehenswürdigkeiten: die frühchristliche Klosteranlage Clonmacnoise, einst das einflussreichste geistliche Zentrum Europas, und der monumentale Leviathan, das bis 1917 größte Teleskop der Welt, im Park von Birr Castle in Birr.

Mediterranes Flair im Südwesten

Im Süden und Südwesten liegen Cork, das größte County Irlands mit der gleichnamigen, zweitgrößten Stadt der Republik, von deren Englischem Markt sogar Königin Elizabeth II. schwärmt, und Kerry mit der 180 km langen Panoramaküstenstraße Ring of Kerry und dem bizarren Klosterfelsen Skellig Michael, der in »Star Wars VII und VIII« eine Rolle spielte. Die beiden vom Golfstrom verwöhnten Grafschaften mit zahlreichen Halbinseln, felsigen Landzungen, langen Sandstränden und Palmen versprühen mediterranes Flair und sind neben Dublin die beliebteste Reiseregion des Landes. Übrigens: In Cobh auf Great Island lag der letzte Stopp der Titanic, bevor sie ihrem Untergang entgegenfuhr – das Städtchen erinnert in zwei Museen an den Ozeanriesen.

Westen und Nordwesten: einsame Küsten und windumtoste Inseln

Der Westen jenseits der Shannon-Bucht glänzt mit den spektakulären Steilklippen Cliffs of Moher, Galway, der

Von Portmagee aus setzen Boote zur Insel Skellig Michael über

dynamischsten Stadt Irlands, und der mit Felsen, Mooren und Seen übersäten Region Connemara, die Besucher mit ihrer rauen Schönheit und Wildnis in Staunen versetzt. Hier reichen die Berge bis fast an den Atlantik, und an der Küste finden sich zahlreiche fjordähnliche Buchten.

> »*Nichts ist so besänftigend und beruhigend wie die irische Sprache.*«
>
> John Millington Synge

Nahe der nordirischen Grenze beginnt eine der spektakulärsten Küstenstraßen der Welt – der 2014 eröffnete Wild Atlantic Way, der in Donegal beginnt und sich an der Westküste entlang bis hinunter ins County Cork auf einer Länge von insgesamt 2500 km erstreckt. Von Galway bis Achill Island finden sich Spuren der Piratenkönigin Grace O'Malley, die sogar Königin Elizabeth I. im 16. Jh. beeindruckte. Kurioseste Insel am Wild Atlantic Way ist Tory Island im Norden, nicht nur ein Bollwerk irischer Traditionen, sondern auch das Reich von Patsaí Dan Mac Ruairí, dem von den Inselbewohnern gewählten letzten »König von Irland«.

Nordirland – grüne Hügel und dramatische Küsten

Bis heute verirren sich nur sehr wenige Irland-Reisende aus Deutschland in das zu Großbritannien gehörende Nordirland, das nur 160 km von Dublin entfernt liegt. Das ist ausgesprochen schade! Denn der Bürgerkrieg ist

Atemberaubende Ausblicke bieten die berühmten Cliffs of Moher

längst vorbei, und die ehemals zerbombten Städte Derry und Belfast haben sich mittlerweile in hübsche und lebenswerte Städte verwandelt. Derry wurde 2013 sogar zur britischen Kulturhauptstadt gewählt, und Belfast mit seinem monumentalen interaktiven Titanic Belfast Museum bietet sich geradezu für einen Städtetrip an. Die sechs nordirischen Counties warten zudem mit dramatischen Küstenlandschaften, kleinen Seen, grünen Hügeln und dem einzigartigen Giant's Causeway auf, der aus knapp 40 000 Basaltsäulen besteht. Der Legende nach waren die Säulen einst eine Brücke, die Irland mit Schottland verband.

Egal, welche Region man ansteuert: Irland entpuppt sich als faszinierend vielfältig, gastfreundlich und ist zweifellos mehr als eine Reise wert!

Hauptstadt Dublin, Nordirland: Belfast

Sprachen Irisch, Englisch

Währung Euro, Nordirland: Pfund Sterling

Staatsform Parlamentarische Demokratie, Nordirland: Parlamentarische Monarchie

Fläche 70 283 km², Nordirland: 13 843 km² (damit ist die Insel etwa so groß wie Österreich)

Länge der Küstenlinie 1448 km

Einwohner 4,75 Mio., Nordirland: 1,87 Mio.

Tourismus 8 Mio. Besucher pro Jahr, Nordirland: 2 Mio.

Religion römisch-katholisch, Nordirland: 48 % protestantisch, 45 % katholisch

Schafe pro Einwohner 1,23

Oft gehörtes Sprichwort »Als Gott die Zeit gemacht hat, hat er genug davon gemacht!«

Darin sind die Iren Weltmeister Im Teetrinken: Die Iren trinken 200 l Tee pro Person im Jahr und schlagen darin sogar die Engländer.

Nationalhelden Für die einen ist es der Freiheitskämpfer Michael Collins (S. 26), für die anderen Daniel O'Connell.

Magazin

Rau und zerklüftet präsentiert sich Irlands Küste vielerorts. In Nordirland, nicht weit vom berühmten Giant's Causeway entfernt, lockt eine besondere Attraktion: Die Carrick-a-Rede Rope Bridge verbindet das Festland mit einer winzigen Insel. 25 m über dem Meer hangelt man sich auf einer wackeligen Hängebrücke hinüber. Was einst den Lachsfischern diente, ist heute ein Touristenmagnet – mit Adrenalinfaktor.

Der Hafen von Cobh schrieb gleich mehrfach Geschichte: Von hier aus traten nicht nur unzählige Emigranten während der Großen Hungersnot ihre Reise ins amerikanische Exil an, auch rund 40 000 Strafgefangene wurden von Cobh (ehemals Queenstown) aus nach Australien deportiert. Und die Titanic nahm hier ihre letzten Passagiere auf, bevor sie ihrer Tragödie entgegenfuhr.

Die O'Connell Street mit ihren schmucken Häusern ist so etwas wie Dublins Prachtboulevard. Nach dem Osteraufstand 1916 mussten allerdings viele Gebäude restauriert bzw. wieder aufgebaut werden. Auf dem Mittelstreifen erinnern zahlreiche Statuen an bedeutende Persönlichkeiten der irischen Geschichte, wie hier an den »Liberator« Daniel O'Connell.

Ulster Bank
Ulster Bank
CURRENCY EXCHANGE
TRAVEL ADVISORS
Wings Abroad
TRAVEL AGENCY
CURRENCY EXCHANGE
HOLIDAY SHOP

Beste Reisezeit Irland

FRÜHLING

Menschenleere Küstenstriche, ein himmlischer Sonne-Wolken-Mix und günstige Hotelpreise: Der Frühling ist die beste Reisezeit für Naturliebhaber, die das stille, authentische Irland suchen.

	März	April	Mai
Temperatur min./max.	3° / 11°	4° / 13°	6° / 16°
Sonnenstunden/Tag	4	5	7
Regentage im Monat	10	10	11

Die Bedeutung der Symbole (Angaben sind Mittelwerte)

- 9° / 18° Temperatur min./max.
- Sonnenstunden/Tag
- Regentage im Monat

Endlich: Die Tage werden wieder länger, der Regen fällt spärlicher, und zwischen den dahinjagenden Wolkenbergen zeigt sich immer öfter die Sonne. Millionen von Narzissen säumen die Straßen, und auf den Wiesen blöken die ersten Lämmer. Zweifellos zählt der Frühling zu den schönsten Jahreszeiten, um die Grüne Insel zu besuchen. Die Wiesen erstrahlen in leuchtendem Grün, und erste zarte Knospen zeigen sich an Sträuchern und Blumen. Vor allem aber hat man die Sandstrände und kleinen Buchten oft ganz für sich allein. Genau wie die berühmten Küstenstraßen, den Ring of Kerry etwa, den sich im Hochsommer eine endlose Blechlawine entlang quält. Bis Mitte März hält Irland eine Art kollektiven Winterschlaf – sieht man einmal vom 17. März ab, dem St. Patrick's Day (S. 38), an dem ganz Irland »aus dem Häuschen« ist. Vergleichsweise regenarme Reisemonate sind April, Mai und Juni, trotzdem muss immer mit kurzen Schauern gerechnet werden, nach denen dann nicht selten sofort wieder die Sonne lacht. Die Hotelpreise sind im Frühling noch moderat, sogar historische Herrensitze bieten mitunter richtige Schnäppchenpreise an. Einziger Wermutstropfen: Zahlreiche Sehenswürdigkeiten und Unterkünfte öffnen erst wieder im April.

Im Frühling sorgen Narzissen überall für malerische Motive

Einer der Top-Strände Irlands: der lange Inch Beach auf der Dingle-Halbinsel

SOMMER

Stop-and-go auf den berühmten Küstenstraßen wie dem Ring of Kerry und überlaufene Strände: Im Sommer ist Irland restlos ausgebucht.

Ferienzeit! Alle zieht es ans Meer, an die Seen und Flüsse des Landes. Am sonnigsten ist es an der Ost- und an der vom Golfstrom verwöhnten Südküste sowie in den Midlands. Höher klettern die Temperaturen definitiv nicht, und zu keiner anderen Zeit bleibt es so lange hell wie im Juli und August – ganze 18 Stunden lang! Entsprechender Rummel herrscht an den touristischen Hotspots. An der stark vom Atlantik beeinflussten Westküste bleibt es im Sommer am kühlsten. Doch auch hier sind die Strände gut besucht: auf der Dingle-Halbinsel etwa, wo die Kleinen Sandburgen bauen und Teenager sich im Wind- und Kitesurfen üben. Die Monate Juli und August markieren die touristische Hochsaison, was sich nicht nur am Verkehr und überlaufenen Sehenswürdigkeiten, sondern auch an den Preisen bemerkbar macht. Ein Familienzimmer der untersten Kategorie kostet dann zwischen 200 und 400 € pro Nacht, und auch diese Zimmer sind bereits Monate im Voraus ausgebucht. Eine gute und preiswerte Alternative für Familien sind Ferienwohnungen oder -häuser (www.fewo-direkt.de, www.imagineireland.com und www.letsgoselfcatering.com), aber auch hier gilt: früh buchen!

Gehört immer ins Gepäck: *regenfeste Kleidung, eine Sonnenbrille, feste Wanderschuhe und ein Schirm!*

Der Tollymore Park bei Belfast in herbstliche Farben getaucht

HERBST

Buntes Herbstlaub und angenehm milde Temperaturen: Irland lädt zu Wanderungen ein – und zu hochkarätigen Festivals im ganzen Land.

	Sept.	Okt.	Nov.
Temperatur (min./max.)	9° / 17°	7° / 14°	4° / 10°
Sonne	4	3	3
Regen	11	11	11

In warme Ockertöne getaucht erscheint die Landschaft rund um Upper Lake an einem goldenen Herbsttag. Den besten Blick auf die Szenerie genießt man hoch oben, vom Ladies' View am Ring of Kerry aus. Die Touristenströme haben sich verabschiedet, das Wetter ist relativ beständig, und die Temperaturen sind mit durchschnittlich 14–18 °C noch angenehm. Wenn im September und Oktober die Bäume ihr gelb-rotes Kleid überstreifen und der morgendliche Dunst die historischen Stätten in ein besonderes Licht taucht, zeigt sich die Insel von ihrer schönsten Seite. Es ist die beste Zeit für ausgedehnte Wanderungen. Bei Touren durch raschelndes Herbstlaub im Killarney-Nationalpark oder an den Seen Connemaras z. B. erleben Sie die goldene Jahreszeit mit allen Sinnen. Kein Wunder also, dass vielen Irlandfans der Herbst als schönste Reisezeit im Jahr gilt – sieht man von Regenschauern ab, mit denen man in Irland immer und überall rechnen muss. Die Hotelpreise fallen, bevor Ende Oktober zahlreiche B&Bs ihre Pforten bis zum nächsten Frühjahr ganz schließen. Nun beginnt die Zeit der Festivals. Von kulinarischen Festen über Musik- bis hin zu Theater- und Literaturtagen reicht das Angebot (https://irish-net.de, Suchbegriff Irish-Folk, Festivals in Irland). Und die Grafton Street in Dublin erstrahlt bereits im Oktober in festlichem Weihnachtsglanz!

Wetterwendisch
Ein Sprichwort besagt, dass man in Irland an einem Tag alle vier Jahreszeiten erleben kann.

WINTER

Nur echten Irland-Freaks zu empfehlen: Überwiegend Schmuddelwetter und verwaiste Sehenswürdigkeiten bestimmen das Bild, dafür genießt man gemütliche Stunden vor loderndem Kaminfeuer.

Von November bis Januar ist es auf der gesamten Insel feucht, extrem windig und kühl, jedoch nicht eisig. Ein Schmuddelwetter, bei dem man am liebsten den ganzen Tag vor einem warmen, prasselnden Kaminfeuer sitzen und das Haus nicht verlassen möchte – von einigen klaren, sonnigen Tagen abgesehen, die dann ganz besondere Impressionen bieten! Viele Hotels und prächtige Herrenhäuser in ländlicher Umgebung, die zu B&Bs und Hotels umfunktioniert wurden, bieten jetzt Zimmer zum halben Preis an. Und Dublin etwa hat auch im Winter seine Vorzüge: So ist der Nachmittag perfekt für den Afternoon Tea bei Bewley's (www.bewleys.com), und an langen Winterabenden bieten Pubs, Theater und Konzerthallen in Dublin (und Cork) jede Menge Unterhaltung. Museen, Schlösser und andere Sehenswürdigkeiten hat man nun fast für sich allein, denn zu dieser Jahreszeit sind kaum Touristen unterwegs. Und auf der nordirischen Halbinsel Inishowen können Sie mit etwas Glück sogar Nordlichter beobachten. Höhepunkt im Januar in Dublin ist das jährliche Temple Bar Festival »Tradfest«, bei dem vier Tage lang in der ganzen Stadt, von der St. Patrick's Cathedral bis zur City Hall, Irish Folk gespielt wird (https://tradfest.ie). Wenn das kein Argument ist ...

Dez.	Jan.	Feb.
3° 8°	2° 8°	2° 8°
2	2	3
13	12	10

Urgemütlich: Den Afternoon Tea genießt man vielerorts vor prasselndem Kaminfeuer

Kaffeepause in Kinsale im County Cork, das für seine bunten Häuser bekannt ist

Mehr als Irish Stew und Guinness

Mangelnde kulinarische Vielfalt war gestern, heute punktet die irische Küche mit regionalen Spezialitäten und der Neuerfindung traditioneller Gerichte.

Das prasselnde Torffeuer verströmt eine wohlige Wärme, und zu Irish Folk – live wohlgemerkt! – jongliert die Kellnerin gut gefüllte Teller mit Irish Stew, Chicken Curry, Salaten und Seehecht an den Tischen vorbei. Eine ländliche Küche, wie man sie häufig vorfindet in Irland, bodenständig und gut. Doch kulinarisch befindet sich die Grüne Insel längst im Wandel.

Irish Stew, Fleisch- und Kartoffelgerichte und für Vegetarier nichts? Das war einmal! Als Irland dank seines Wirtschaftsbooms in den 1990er-Jahren zum »keltischen Tiger« wurde, multinationale Konzerne reihenweise Firmen auf der Insel errichteten und über eine halbe Million neue Arbeitskräfte aus EU- und anderen Staaten ins Land strömten, hatte das natürlich auch Auswirkungen auf die Küche. Feinschmecker-Restaurants sprossen aus dem Boden, Star- und Fernsehköche erschienen auf der Bildfläche, wie Kevin Dundon, der heute als das Aushängeschild der irischen Küche gilt. Seine kaum zu toppenden Gerichte kreiert er aus Zutaten aus eigenem Anbau in seinem Restaurant im Dunbrody Country House Hotel im Südwesten Wexfords (www.dunbrodyhouse.com).

Die Jungköche der neuen irischen Küche setzen auf Qualität statt Quantität – und auf einheimische Produkte! Gekocht wird mit den Zutaten, die die Insel und das Meer hergeben: Obst und Gemüse, Getreide, Honig, Meeresfrüchte, Milchprodukte, Rinder und Schafe. Die Newcomer haben so die traditionellen irischen Gerichte revolutioniert.

SEAFOOD NEU ENTDECKT

Kreischende Möwen begleiten die Fischkutter bei ihrer Einfahrt in den Hafen von Killybegs, der Fischereihauptstadt des Landes, an der nördlichen Westküste. Irlands Delikatessen aus dem Meer, die lange Zeit mit dem Makel der Armut behaftet waren, erfuhren unlängst eine Renaissance. Seit einigen Jahren werden immer mehr reine Seafood-Restaurants eröffnet, und in so gut wie jedem Restaurant der Insel stehen Garnelen, Hummer, Krebse, Lachs, Muscheln und andere Meeresfrüchte auf der Speisekarte. Beliebte Vorspeisen, auch in nicht auf Seafood spezialisierten Restaurants, sind Räucherlachs, frische Austern, Miesmuscheln und Chowder, eine dickflüssige Fischsuppe. Lachs, gegrillt, geräuchert oder pochiert, ist heute ein fast unverzichtbarer Bestandteil der irischen Küche und wird vielerorts bereits morgens zum Frühstück serviert.

In Killybegs landet an, was abends köstlich zubereitet auf den Tellern liegt: frisch gefangener Fisch

NUR FISCH UND MEERESFRÜCHTE? VON WEGEN!

Zugegeben, besonders an der Westküste, vor allem in ländlichen Gegenden, dominiert das Meeresgetier auf den Speisekarten, aber ein ebenso wichtiger Bestandteil der irischen Küche ist das Rindfleisch, das als Steak, Stewing Beef (klein geschnitten), Roast und im traditionellen Shepherd's Pie angeboten wird. Letzterer kann auch Lammfleisch enthalten. Wer Fisch und der irischen Küche nun gar nichts abgewinnen kann, findet zumindest in den Städten (auch den kleineren) italienische und asiatische Restaurants.

Auch die vegetarische und vegane Küche, die es bis vor wenigen Jahren in Irland kaum oder überhaupt nicht gab, findet immer mehr Anhänger. Allein in Dublin gibt es mehr als 15 vegetarische Restaurants, auch in Cork, Limerick und Galway wurden in letzter Zeit einige eröffnet (www.happycow.net). In kleinen Orten wird in Restaurants zumindest eine vegetarische Variante angeboten, und falls nicht, bereitet Ihnen der Koch auf Bitte ein fleischloses oder auch rein veganes Gericht zu.

IT'S TEA TIME

Tee ist nicht gleich Tee – ihn stilvoll zu servieren, eine Selbstverständlichkeit

Die Engländer sind die größten Teetrinker? Weit gefehlt! Es sind die Iren. Der Pro-Kopf-Verbrauch liegt bei 4,8 kg Tee im Jahr. Der Morgen beginnt mit mehreren Tassen des fast schwarzen Irish Breakfast Tea aus Assam-Sorten. Gegen 17 Uhr folgt traditionell der Afternoon Tea. Am liebsten trinken die Iren dann den Irish Blend, ein tief rot-goldener Tee, mit braunem Zucker und Sahne.

Einen Afternoon Tea in Dublin sollten Sie unbedingt einmal probieren. Viele Hotels bieten ihn zwischen 14 und 18 Uhr mit Sandwiches, Scones, Räucherlachs, Champagner etc. an. Besonders schön ist die Tea Time übrigens in der stilvollen Atrium Lounge im The Westin Dublin (www.theatriumlounge.ie). Die Preise liegen bei 30–50 €, aber dafür liegen eben auch jede Menge Köstlichkeiten auf der Etagere.

DEN RICHTIGEN ZEITPUNKT WÄHLEN

Wer vor 19 Uhr isst, kommt meistens günstiger weg als am späteren Abend, und vielerorts wird ein preiswerter Mittagstisch angeboten. Dann muss man sich allerdings beim Frühstück Zurückhaltung auferlegen. Meist werden dort neben Toast mit Marmelade auch gebratene Würstchen, Bohnen, Spiegel- oder Rührei, Smoked Salmon oder Porridge serviert. Wer hier zulangt, hat frühestens am Abend wieder Hunger.

In aller Munde

Smoked Salmon gehört zu den klassischen irischen Gerichten

Irland ist berühmt für seinen Smoked Salmon, der in Räuchereien entlang der Küste produziert wird. Die traditionelle irische Weise, Lachs zu räuchern, ist das Kalträuchern, wobei die Temperatur nicht über 35 °C steigen darf. So bleibt gewährleistet, dass der Lachs seine ursprüngliche Konsistenz und feine Textur behält. Geräuchert wird von alters her mit Eichenspänen. Nicht so im Haven Smokehouse von Declan McConnellogue und Sue Cruse im Norden Donegals. Sie räuchern ihren Bio-Lachs mit Torf und haben damit eine Methode aufgegriffen, die in den moorreichen Gegenden Irlands früher üblich war. »Der Torfgeruch weckt Erinnerungen an meine Kindheit, an Behaglichkeit – und an Irland. Ich wollte diesen Geruch mit dem Lachs verbinden«, erklärt Declan. Besucher dürfen nach Anmeldung gern auf eine Kostprobe vorbeischauen.

The Haven Smokehouse, *Claggan, ca. 1,6 km außerhalb von Carrigart Richtung Creeslough, Tel. 074/915 54 58, www.thehaven smokehouse.com*

Sie mögen den Torfgeruch nicht? Gar nicht torfig riecht es bei K O'Connell (www.koconnellfish.com) auf dem English Market in Cork (S. 110). Die Lachse sind fangfrisch, und es macht Spaß, den Händlern dabei zuzuschauen, wie sie den Fisch an die Käufer bringen. Das Familienunternehmen gehört zu den besten Fischhändlern des Landes.

In Ballina im County Mayo wird dem Lachs seit über 50 Jahren ein Festival gewidmet. Eine Woche lang hängt im Juli köstlicher Lachsgeruch über dem Städtchen am Wild Atlantic Way. Feiern Sie mit Besuchern aus dem ganzen Land den besten Lachs in Irlands selbst ernannter Lachshauptstadt (https://ballinasalmonfestival.ie): bei Irish Folk, Theateraufführungen und einem mitreißenden bunten Programm.

Auch wenn Irland kein Shoppingparadies ist: Hübsche Lädchen findet man überall

Nicht nur wollig-warme Pullis

Die Shopping-Metropole der Insel ist Dublin. Hier findet man alles, was das Herz begehrt. Aber »Klassiker«, wie etwa die Aran-Pullover, bekommt man im ganzen Land!

»Every girl should wear Aran knits in winter«, rät die Verkäuferin einer jungen Amerikanerin, die vor einem Spiegel steht und unschlüssig ist, ob sie den Pullover nun kaufen soll oder nicht. In dem gigantischen Laden der Kette Carrolls Irish Gifts (www.carrollsirishgifts.com) hängen und liegen Pullis, Strickjacken und Ponchos im unverkennbaren Aran-Strickmuster, so weit das Auge reicht. Und mit Preisen zwischen 80 und 120 € sind sie gar nicht mal so teuer, wenn man bedenkt, dass die Pullover aus reiner Merino-Schurwolle bestehen. Gut, nicht jeder mag die Pullis. Das weiß auch Carrolls, deshalb gibt es hier ein riesiges Angebot an typisch irischen Dingen: Tweedmützen, grüne Irland-T-Shirts, Schmuck mit keltischen Symbolen, Claddagh-Ringe für Verliebte (S. 138), Keramik, Dekoschafe, Kosmetik made in Ireland, Kunsthandwerk aus Torf, Gruß- und Postkarten etc. Irischer geht's nicht! Mode »Made in Ireland« für Groß und Klein bietet auch Avoca Handweavers (www.avoca.com) an. Die Handweberei wurde 1723 im gleichnamigen Ort im County Wicklow gegründet und ist Irlands ältestes bestehendes Unternehmen mit Läden an zwölf Standorten im Land. Wer auf Irish Folk steht und die Musik auch daheim nicht mehr missen möchte, kommt an Claddagh Records in Dublin (http://claddaghrecords.com) nicht vorbei. Wühlt man in den CDs und Platten in dem alten Laden im

Temple Bar District, vergisst man komplett die Zeit. Kein irischer Künstler, den Claddaghs nicht im Sortiment hat!
Sie sind am Giant's Causeway unterwegs? Dann sollte unbedingt ein Abstecher zur Old Bushmills Distillery (www.bushmills.com) eingeplant werden, denn Bushmills Black Bush ist der »Master of Malt« und einer der besten irischen Whiskeys überhaupt.

Das perfekte Souvenir

Schokolade mit Irish-Whiskey-Füllung

Irische Schokolade ist zwar nicht so bekannt wie die von Lindt & Sprüngli oder Godiva, und außerhalb Irlands kennt man sie kaum, aber schon deshalb ist sie das perfekte Mitbringsel für die Daheimgebliebenen. Mit der »Dark Chocolate Irish Whiskey Truffle Bar« haben Sie gleich zwei Irland-Souvenirs in einem: die Jameson-Whiskey-Füllung und die Schokolade. Butlers Chocolates, die als Irlands luxuriöseste und köstlichste Schokolade gilt, wurde 1932 von Marion Butler als kleine Chocolaterie in Dublin unter dem Namen »Chez Nous« gegründet. Marion stellte handgemachte Pralinen her, bis sie ihre kleine Firma 1959 an Seamus Sorenson aus Cork verkaufte. Unter der Familie Sorenson wuchs »Chez Nous« zu dem Unternehmen heran, das es heute ist. In Erinnerung an Marion Butler wurde die Firma 1984 in »Butlers Irish Chocolates« umgetauft. Heute gibt es Butlers-Schokolade auf der ganzen Insel in allen Größen und Variationen. Verkauft wird sie in den firmeneigenen Butlers Chocolate Cafés in Dublin, bei Carrolls Irish Gifts und an weiteren Standorten der Insel (www.butlerschocolates.com).

Naschkatzen aufgepasst! In Butlers Chocolate Café in Dublins City Centre werden himmlische Schokoladen und Pralinen angeboten

Wale, Wildnis und weite Strände

Für Familien mit Kindern ist Irland ein Top-Reiseziel, zumal die Iren ausgesprochen kinderlieb sind. Strände sind ohnehin ein Garant für tolle Ferien, und spezielle Freizeitangebote für Kids lassen auch den ein oder anderen Regentag rasch vergessen.

Auf Entdeckungstour am Giant's Causeway: Irland bietet Kindern viel Platz zum Toben

URLAUBSKASSE – TIPPS FÜR SPARFÜCHSE

Erst das neu geborene Lämmchen besuchen? Oder direkt ans Meer? Vielleicht zeigt sich der zahme Delfin ja nah der Küste. Oder doch lieber zur alten Schlossruine, in der es spuken soll? Für Kinder gibt es genug Beschäftigungsmöglichkeiten unter freiem Himmel – und zum Nulltarif! Bestes Beispiel: der berühmte Giant's Causeway (S. 164). Ein Glück, denn Irland ist nicht gerade ein günstiges Urlaubsland, da würden hohe Eintrittspreise gerade noch fehlen! Und wenn Papa und Mama dann doch unbedingt mal ins Museum wollen? Kein Problem! In Dublin z. B. ist der Eintritt in nationale Museen frei. Für alle weiteren Sehenswürdigkeiten spart man mit dem Dublin Pass bares Geld (S. 76). In vielen Museen und Freizeitparks gibt es zudem günstige Familienpakete oder ermäßigte Preise für Kids.

Auch das Essengehen kann für Familien ganz schön zu Buche schlagen. Was allerdings nicht heißen soll, dass die Urlaubskasse nur Fish & Chips hergibt. Zum Glück stehen in fast allen Restaurants leckere Kindergerichte (Kids' Menu) zu kleinen Preisen oder alternativ halbe Portionen auf der Speisekarte. Nutzen Sie am Abend das günstige »Early Bird Menu«, das in zahlreichen Restaurants von der Ost- bis zur Westküste von 17 bis 19 Uhr angeboten wird. Und last not least fahren Kinder günstig – bei Dublin Bus unter drei Jahren kostenlos, für Kinder unter 16 Jahren gibt es Schülerermäßigung (Pass oder Schülerausweis mitführen). Bei Irish Rail fahren Kinder zwischen fünf und 16 Jahren zum halben Preis, unter fünf sogar zum Nulltarif. Für Familien gibt es günstige »family tickets« für ein bis zwei Erwachsene und bis zu vier Kindern zwischen fünf und 15 Jahren. Translink, der Bus- und Bahnbetreiber in Nordirland, bietet ähnliche Vergünstigungen an.

ÜBERNACHTEN – KIDS WELCOME

Die Eltern genießen noch eine Tasse Tee auf der Terrasse, während die Kinder schon, ausgerüstet mit einem Köcher, ans nahe gelegene Wasser rennen. Mal schauen, welche Tiere dort gerade über die Felsen krabbeln! Urlaub mit Kindern sollte umkompliziert sein! Dafür sorgen in Irland unzählige kinderfreundliche Hotels und B&Bs. Fast jedes Hotel bietet Familienzimmer oder Zimmer mit Verbindungstüren an. Manche haben günstige Familienpakete im Angebot wie das Camden Court Hotel (www.camdencourthotel.com) mit Innenpool nahe dem Dubliner Stadtzentrum. Deutlich günstiger und individueller als in Hotels wohnt man in Holiday Apartments und Ferienhäusern, die z. B. von www.dreamireland.com in ganz Irland angeboten werden. Weiterer Vorteil: Man kann sich selbst versorgen und muss nicht immer auswärts essen gehen. Auch hier gilt: frühzeitig buchen, um ein gutes, günstiges Angebot zu ergattern!

ENTDECKUNGEN – IM UND AUF DEM WASSER

Ein großer Schwarm Möwen kreist kreischend über dem Wasser. »Das ist ein Hinweis darauf, dass sich dort Minkwale aufhalten«, sagt Skipper Rory und lenkt das Boot langsam Richtung Möwen. Wenig später lugt eine hohe sichelförmige Finne aus dem Wasser hervor. Die Spannung ist groß. Wird der Wal sich in seiner vollen Größe zeigen? Die Minuten vergehen. In einiger Entfernung schießt plötzlich ein weiterer Wal wie eine Rakete aus dem Wasser. Was für ein Erlebnis! Nicht nur für Kinder!

Fungie, der zahme Delfin in der Bucht von Dingle, betrachtet die Boote als seine Spielkameraden

Am Meer gibt es für die Kleinen immer etwas zu tun: Sandburgen bauen, Krebse fangen ...

Von März bis November tummeln sich vor der Küste Minkwale, dann sind Walbeobachtungstouren (Online-Buchung vor Antritt der Reise empfohlen: www.whale watchwestcork.com) angesagt.

Klar, dass man nach diesem Erlebnis auch selbst mal ein Schiff steuern möchte. Stolz steht der zwölfjährige Tim am Steuer des Hausbootes, das gemächlich den Shannon hinuntertuckert. Unter Anweisung von Mama oder Papa klappt am zweiten Tag auch schon das An- und Ablegen. Auf einem Hausboot auf dem Shannon langweilen sich die Kids garantiert nicht! Das Boot zu bedienen ist einfach, und ein Bootsführerschein ist nicht erforderlich. Nach einer kurzen Einführung und Probefahrt kann es schon losgehen. Einer der bekanntesten Anbieter ist Shannon-Travel (www.shannon-travel.de).

ABWECHSLUNG VOM STRAND – KREATIV ODER MIT ADRENALINKICK

Die Sandstrände stehen bei Kindern natürlich ganz hoch im Kurs. Doch auch die schönsten Strand- und Naturtage können irgendwann langweilig werden. Doch keine Sorge: Fast überall gibt es Alternativangebote für kleine und größere Gäste, Tipps dazu halten die jeweiligen Touristinformationen bereit. Eintauchen in die Welt der Schokolade ist ein solches Angebot, und welches Kind würde dazu schon Nein sagen? Lustig sehen sie aus, die Kids, wenn sie sich in weißen Kitteln und mit blauen Hauben auf dem Kopf in Chocolatiers verwandeln. Konzentriert sitzen sie um einen Tisch und bemalen Tierfiguren aus Schokolade mit einer cremigen weißen Masse. »The Butlers Chocolate Experience« (Clonshaugh Business Park, Dublin, www.butlerschoco lates.com/en/chocolate-experience) macht's möglich. Zu Beginn gibt es im hauseigenen interaktiven Museum erst einmal viele Infos rund um die Schokolade.

Wer sich zu alt dazu fühlt, Schokolade zu bemalen, wird vielleicht den »Tayto«, einen Themenpark mit

Abenteuerfaktor, ansteuern (Tayto Park, Kilbrew, Ashbourne, County Meath, www.taytopark.ie). Wer hier einsteigt, muss schwindelfrei sein. Mit Tempo 90 rast die Holzachterbahn »Cú Chulainn« aus 32 m Höhe in die Tiefe. Einen noch größeren Nervenkitzel garantiert Irlands längste und schnellste Seilrutsche. Highlights des »Tayto« sind eine Saurier-Ausstellung, der »Pow Wow«-Spielplatz und der Zoo mit Affen, Berglöwen, Bisons und Tigern. Der Park ist nach dem Kartoffelchipshersteller Tayto benannt, dessen Produktionshallen auf dem Gelände liegen. Eine Besichtigung ist im Ticket inbegriffen. Naschen ausdrücklich erlaubt!

LIEBER NICHT! BIER, WHISKEY UND FÜHRUNGEN

Klar, das Guinness Storehouse ist einer der großen Besuchermagnete Dublins, aber interessiert sich ein Kind für die Geschichte des Biers? Eher nicht. Auch in Whiskey-Destillerien sind Kids völlig fehl am Platz. Wenn Sie mit kleineren Kindern in Dublin unterwegs sind, meiden Sie abends das Temple-Bar-Viertel, nach 18 Uhr geht es dort hoch her. Sie machen gerne Führungen durch Schlösser? Kinder langweilen sich dabei schnell, besonders wenn sie kein Englisch verstehen.

Leuchtende Augen

Auf der **Kissane Sheep Farm** (www.kissanesheepfarm.com) in Kenmare, Moll's Gap, führen Hirtenhunde ihr ganzes Können vor. Nicht nur für Kinder ein faszinierendes Schauspiel! Starr sind die Augen von Border Collie Pepper auf die Herde gerichtet. Ein Pfiff, und er rast los, rennt einen Bogen um die Schafe, ohne sie dabei aus den Augen zu lassen. Kollegin Molly schleicht sich derweil wie ein Wolf an die Herde an: Körper angespannt, Vorderkörper abgesenkt, Schwanz eingezogen. Diese Körperhaltung und der starre Blick lösen bei den Schafen eine instinktive Fluchtreaktion aus. Blökend fangen sie an zu laufen. Molly treibt die Herde zum anderen Ende der Koppel. Pepper flankiert sie und steuert die Richtung. Zusammen manövrieren sie die 30 Tiere in perfekter Choreografie durch das Gelände.

Border Collie Pepper hat »seine« Herde fest im Griff

Wenn es langsam Nacht wird in ...

An Spukschlössern mangelt es in Irland nicht – einige laden zum Übernachten ein, andere zur Besichtigung. Die Garantie, einen Geist zu sehen, gibt es allerdings nicht. Aber mit etwas Fantasie ...

DIE SPUKENDE LADY AUF DER SUCHE NACH IHREM KIND

Seit fast 400 Jahren geistert Lady Isobel Shaw durch die Korridore von Ballygally Castle an der nordirischen Antrim-Küste. Der Legende nach hoffte Lord Shaw auf die Geburt eines männlichen Erben. Als Lady Shaw aber eine Tochter zur Welt brachte, riss ihr der Lord das Neugeborene aus den Amen, sperrte seine Frau ein und ließ sie verhungern. In einer anderen Version versuchte sie zu fliehen und stürzte dabei aus dem Turmfenster zu Tode. Isobel sei ein freundlicher Geist, heißt es. Nach Mitternacht soll sie auf der Suche nach ihrem Baby durch die Korridore irren und an die Schlafzimmertüren klopfen. Gäste berichten immer wieder von seltsamen Erlebnissen, Präsenzen und unerklärlichen Geräuschen in der Nacht. Manche behaupten, einen unheimlichen grünen Nebel über dem Schloss gesehen zu haben. Im Schlosshotel Ballygally Castle ist man stolz auf die

Viele Schlösser und Burgruinen sind legendenumwoben und stecken voller Geheimnisse

unsichtbare Mitbewohnerin. In einem der Erkertürme im ältesten Teil des Gebäudes wurde der herumgeisternden Lady mit dem »Ghost Room« sogar ein Zimmer gewidmet. Aus dem dicken Gemäuer soll nachts das Weinen von Isobels Baby dringen (www.hastingshotels.com/ballygally-castle).

HOTSPOT DER GEISTER

Besucher erzählen von dunklen Schatten, die über das Anwesen huschen, von Geistern in Gestalt von Frauen, Männern und spielenden Kindern, und Gespenstern verstorbener Priester und Mönche in der Kapelle. Leap Castle im County Offaly in den Midlands soll das am häufigsten von Geistern heimgesuchte Schloss der Welt sein. Über Jahrhunderte hinweg war das Zuhause des O'Carroll-Clans Schauplatz blutiger Kämpfe und heimtückischer Morde im engsten Familienkreis im Kampf um die Nachfolge des jeweiligen Clan-Oberhauptes. Geistergeschichten spuken immer wieder durch internationale Medien. Das Team der englischen Sendung »Most Haunted« besuchte und erforschte das Schloss 2002, und ein Team der amerikanischen TAPS (The Atlantic Paranormal Society) war vier Jahre später für ihre Fernsehreihe »Ghost Hunters International« vor Ort und konnte anscheinend die Präsenz von Geistern nachweisen. Den derzeitigen Besitzer des Schlosses, Sean Ryan, der mit seiner Frau im südlichen Trakt wohnt, stören die Geister nicht weiter. Für ihn sind es »spirits«, die ihn umgeben, keine »ghosts«. Auf http://leapcastle.net erzählt er die spannende Geschichte des Schlosses und seiner Geister. Besucher führt er nach vorheriger Anfrage gerne durch das Anwesen.

In Leap Castle soll es wirklich spuken – sagt man

SPUK IN LILA

Castle Leslie liegt im County Monaghan in dem Teil von Ulster, der noch zur Republik Irland gehört. Es wurde 1870 für Sir John Leslie errichtet, ist bis heute in Familienbesitz und wird als Schlosshotel genutzt (www.castleleslie.com). Nachts soll der Geist von Norman Leslie umgehen, der 1914 im Ersten Weltkrieg fiel. Gäste berichten von einem Mönch im Bankettsaal, andere sehen die 1925 verstorbene Lady Constance durch das lila Gästezimmer »The Mauve Room« spuken. Wen Paul McCartney wohl gesehen hat, als er hier 2002 mit Heather Mills seine Hochzeit feierte?

»Irish Revival«

Was sind die bestimmenden Themen der neuen irischen Kunst? Die mythologische Vergangenheit und Gegenwart der Insel. Daran hat sich seit Jahrhunderten nichts geändert!

RÜCKBESINNUNG AUF DIE IRISCHE KULTUR

Mit der katholischen Emanzipation in den 1820er-Jahren, der Gründung der Irish Republican Brotherhood (1858) und der nationalistischen Home Rule League (1873), die ein von den Briten unabhängiges irisches Parlament forderte, entstanden unter den Iren die Rückbesinnung auf die eigene Kultur und ein wachsender Stolz auf jahrhundertealte irische Traditionen. In Kunst und Literatur führte dies Ende des 19. und Anfang des 20. Jh. zur irischen Renaissance, dem »Irish Revival«, das die irische Kultur zur persönlichen Vision des Einzelnen machte. Hauptvertreter dieser Bewegung in der Malerei war der in London geborene und in Sligo aufgewachsene Jack Butler Yeats, der sich in seinen Werken von Irlands mythologischer Vergangenheit und der Westküstenlandschaft inspirieren ließ. Bis heute hat die irische Kunst außerhalb der Grünen Insel kaum

Barry Flanagan schuf die Bronzeskulptur des Drummer-Hasens vor dem IMMA

Fenster zur irischen Gegenwartskunst

Das IMMA (Irish Museum of Modern Art) im ehemaligen Royal Hospital von Dublin ist Irlands führende staatliche Institution für moderne Kunst und verfügt über eine Sammlung von über 3500 Exponaten moderner und zeitgenössischer Kunst nach 1940, darunter Werke von Joan Miró, Henry Moore, Picasso und Jack Yeats. Eine Dauerausstellung gibt es nicht. Alle sechs bis acht Monate finden sowohl wechselnde Ausstellungen der vorhandenen Exponate als auch Ausstellungen neuer Werke irischer und internationaler Künstler statt. Dank einer Leihgabe kann man noch bis 2021 eine Ausstellung mit Werken von Lucian Freud, Enkel von Sigmund Freud, besuchen.

Military Road, www.imma.ie, Di–Fr 11.30–17.30, Sa 10–17.30, So 12–17.30 Uhr, Eintritt frei, Sonderausstellungen 8 €, Kinder unter 18 Jahren frei

In dem Gebäude eines ehemaligen Hospitals ist heute das Museum of Modern Art untergebracht

Bekanntheitsgrad, was daran liegen mag, dass das Land von der britischen Kunstszene überschattet wird.
Der einzige Maler, der über die Landesgrenzen hinaus bekannt wurde, war der in Dublin geborene Francis Bacon (1909–92). Man streitet allerdings darüber, ob man ihn tatsächlich einen Iren nennen kann. Seine Eltern waren gebürtige Briten, und er selbst lebte ab seinem 15. Lebensjahr in England. »No, he is not an Irishman«, befand die »Irish Times«. Trotzdem haben Bacons Erben der Hugh Lane Gallery in Dublin das chaotische Atelier des Künstlers geschenkt, das u.a. aus 2000 Pinseln, 100 ungerahmten Leinwänden, 1500 Fotos, 70 Zeichnungen, 1300 herausgerissenen Buchseiten und über 570 Büchern besteht. Das Atelier wurde im August 1998 samt Wänden, Boden, Türen und Decken von London nach Dublin transportiert und originalgetreu in all seiner Unordnung in einem eigens dafür vorgesehenen Raum der Galerie wieder aufgebaut. »The Francis Bacon Studio« in der Hugh Lane Gallery wurde 2001 eröffnet (Parnell Square North, Eintritt frei).
Die Themen der neuen irischen Kunst sind, wie im vergangenen Jahrhundert, die mythologische Vergangenheit und Gegenwart der grünen Atlantikinsel. Erfolgreichster zeitgenössischer Maler ist der Dubliner Louis Le Brocquy (1916–2012), zu dessen bekanntesten Werken die expressiven Porträtköpfe von Samuel Beckett, Bono von U2, Seamus Heaney, James Joyce, W.B. Yeats und Francis Bacon gehören. Er hat das geschafft,

was keinem Künstler Irlands bisher gelungen ist: Er wurde als erster und einziger Maler noch zu Lebzeiten in die Dauerausstellung der National Gallery of Ireland aufgenommen, und seine Gemälde gingen schon Jahre vor seinem Ableben bei Auktionen für 1 Mio. € unter den Hammer.

Die irische Kunst hat sich in den letzten Jahren hauptsächlich im Bereich Installation und Multimedia weiterentwickelt. Zu den besten Multimediainstallationen zählt die Arbeit des nordirischen Künstlers Willie Doherty, als 13-Jähriger Zeuge des »Bloody Sunday«, dessen Arbeiten den Nordirlandkonflikt thematisieren. Einen Namen gemacht hat sich auch Zeichner, Konzept- und Installationskünstler Brian O'Doherty. Als Reaktion auf den »Bloody Sunday« signierte der aus den Midlands stammende Künstler seine Werke von 1972 bis 2008 mit dem Namen Patrick Ireland. Als der Friedensprozess begann, begrub er sein Alter Ego mit Totenmaske und Sarg im Mai 2008 im Irish Museum of Modern Art (IMMA) in Dublin und signierte fortan wieder unter seinem Geburtsnamen. Zu den führenden Multimediakünstlerinnen, die international bekannt sind, zählen Dorothy Cross aus Cork, deren Themen sich u. a. um die kulturelle Identität drehen und deren Werke immer wieder im IMMA ausgestellt werden, sowie die Dubliner Installationskünstlerin Jaki Irvine. Eines ihrer jüngeren Werke »If the Ground Should Open« beschäftigt sich mit dem Osteraufstand 1916.

Francis Bacons Londoner Studio (hier 1974) wurde originalgetreu in Dublin wieder aufgebaut

Er war Maler und Romancier zugleich: Jack Butler Yeats

Jack Butler Yeats (1871–1957)

Er war der erste Ire der unabhängigen Republik, der eine Olympia-Medaille bekam. Allerdings nicht für eine sportliche Leistung, sondern für sein Gemälde »The Liffey Swim«, für das er während der Olympischen Spiele 1924 in Paris mit Silber ausgezeichnet wurde. Heute undenkbar, damals gang und gäbe: Zwischen 1912 und 1948 kämpften auch Künstler um olympisches Gold.

Irlands »National Painter« und der bekannteste irische Maler des 20. Jh. war der jüngste Sohn des Porträt-Malers John Butler Yeats und der jüngere Bruder von Literaturnobelpreisträger W.B. Yeats. Jack wuchs in Sligo auf und studierte an verschiedenen Kunstschulen in England. Seine Karriere begann er als Illustrator für Zeitschriften und als Comic-Zeichner von Sherlock-Holmes-Geschichten. Erst 1906 fing er mit der Ölmalerei an. Seine Themen umfassen die keltische Mythologie und das irische Alltagsleben, mit denen er zum Anstieg des Nationalgefühls in der Kunst beitrug. Yeats sympathisierte mit der »irisch-republikanischen Sache«, war politisch selbst nicht aktiv, jedoch der Ansicht, dass ein Maler Teil von Land und Leben sein müsse, das er auf der Leinwand darstellt. Seine eigene künstlerische Entwicklung als Modernist und Expressionist half ihm, das moderne Dublin des 20. Jh. zu behandeln, weil er einerseits irische Themen darstellte, andererseits aber auch Universalthemen wie die Einsamkeit des Individuums und das Elend der Menschen. Sein Gemälde »A Fair Day, Mayo«, das sich 67 Jahre lang in Privatbesitz befand, wurde 2011 für 1 Mio. € versteigert.

St. Patrick's Day – ein Volk sieht grün

Die Iren haben keinen Karneval. Sie haben den St. Patrick's Day. Wenn sie am 17. März ihren Nationalheiligen feiern, wird die ganze Insel zu einer einzigen großen Party in Grün: grün strahlende Gebäude, grün gefärbte Hunde, Paraden und 6 Mio. Liter Bier.

Dabei war der St. Patrick's Day nie als das bunte Volksfest gedacht, zu dem er heute geworden ist. Bis 1970 waren an diesem Tag sogar sämtliche Pubs in Irland geschlossen. In besinnlichen Gottesdiensten sollte an Bischof Patrick gedacht werden, der Irland im 5. Jh. christianisierte. Schutzpatron der Insel ist er, obwohl er selbst kein Ire, sondern Romano-Brite war. Aber das tut seiner Verehrung keinen Abbruch. Der 17. März gilt als Sterbetag des Bischofs, historisch belegt ist das aber nicht. Im frühen 17. Jh. wurde der St. Patrick's Day von der katholischen Kirche Irlands zum Feiertag erklärt und ist seit 1903 gesetzlicher Feiertag – auch in Nordirland.

Die ersten Paraden fanden im 18. Jh. in New York statt, die erste in Irland 1903, in Waterford. Es gibt am 17. März zwar traditionelle Feiertagsgottesdienste, diese haben aber längst an Bedeutung verloren. Die Iren feiern lieber feuchtfröhlich. Am verrücktesten feiert Dublin seinen »Paddy's Day«, an dem alle Touristen zu Iren werden. Egal, ob sie einer der 34 Mio. irischstämmigen US-Amerikaner sind, Asiaten oder Deutsche. Von der Feierlaune angesteckt, stecken sie sich das dreiblättrige Kleeblatt (Shamrock) an und singen mit den Einheimischen »The Wearing of the Green« (»Oh Paddy dear, and did ye hear the news that's goin' round? The shamrock is

St. Patrick's Day in Limerick: Tausende von Menschen wohnen der Parade bei

forbid by law to grow on Irish ground …«). Das Kleeblatt, das inoffizielle Nationalsymbol Irlands, steckt am 17. März an Jacken, in den Haaren, auf Hüten, auf Hunden und ist sogar als Brille erhältlich. Mit dem Kleeblatt soll Patrick den Iren seinerzeit die Dreifaltigkeit erklärt haben. Höhepunkt ist die große Parade, die Punkt 12 Uhr am Parnell Square mit Pauken und Trompeten startet, über die O'Connell Bridge zieht und nach zwei Stunden an der St. Patrick's Cathedral endet.

Fantasievoll kostümiert, genießen schon die Kleinsten das bunte Spektakel

Etwas weniger verrückt, dafür länger und schöner, feiert Nordirland den Heiligen. Kein Wunder, denn dort liegt er begraben: in der Kathedrale von Downpatrick, südlich von Belfast. Zehn Tage lang steht die kleine Stadt im März Kopf. Übertroffen wird sie vom zwölftägigen Festival in Armagh, wo Patrick seine Missionstätigkeit begonnen und seine erste Steinkirche gebaut haben soll. Gedacht wird des Schutzpatrons mit Gottesdiensten, Paraden in historischen Kostümen, Bands, Gesang, Prozessionen, Volkstänzen, Ausstellungen und Aktivitäten für die ganze Familie. Der Ort hat sich den Namen »Home of St. Patrick's Festival« verliehen.

Wenn Irland Kopf steht

Zu St. Patrick reisen irischstämmige Menschen aus aller Welt an. Hotelzimmer sind schon Monate im Voraus ausgebucht, die Preise schnellen in die Höhe. Deshalb: rechtzeitig buchen! In Dublin sind viele Straßen wegen der Parade gesperrt, für Bus und Tram gelten eingeschränkte Fahrpläne.

Infos zum St. Patrick's Festival
Armagh (12 Tage): *https://visitarmagh.com*
Downpatrick (10 Tage): *www.saintpatrickscountry.com*
Dublin (5 Tage): *www.stpatricksfestival.ie*
Cork (3 Tage): *www.corkstpatricksfestival.ie*
Galway (3 Tage): *www.galwaytourism.ie*

Von Eroberungen und Freiheitskämpfen

Dermot MacMurrough und Heinrich II.: Wäre es ohne den Händel der beiden Provinzkönige je zu einer britischen Invasion auf der Insel gekommen? Vielleicht nicht. So aber fallen die Anglo-Normannen in Irland ein – und das Unheil nimmt seinen Lauf.

UNTERDRÜCKUNG DER KATHOLIKEN UND LANDENTEIGNUNG

1169 *Der Machtkampf zweier Provinzkönige bringt die Anglo-Normannen nach Irland.*

Der 1166 nach England geflohene Provinzkönig MacMurrough gewinnt mit »Strongbow« einen schlagkräftigen Heerführer, der imstande ist, seine verlorenen Besitztümer in Irland zurückzuerobern (S. 46). Dass Strongbow vom König nur zwei Jahre nach seinem Einmarsch in Irland all seiner Ämter behoben wird, damit rechnet er nicht. Heinrich II., der den Söldnereinsatz ursprünglich genehmigt hatte, ist erbost darüber, dass sein Untertan nun König von Leinster ist, mobilisiert sein Heer und fällt mit 4000 Soldaten in Irland ein. Er weist Strongbow in seine Grenzen, unterwirft die Provinzkönige und ernennt sich zum Herrscher Irlands. Die Iren haben im eigenen Land nichts mehr zu sagen. Aber es kommt noch schlimmer. Heinrich VIII. von England überwirft sich mit dem Papst, sagt sich von der

Vor dem Feldzug nach Irland: Strongbow nimmt Abschied von seinem Bruder

Der Großen Hungersnot fielen mehr als 1 Mio. Iren zum Opfer

katholischen Kirche los und wird Protestant. Als er sich 1541 zum König von Irland ernennt, verlieren die Katholiken ihre Rechte. Und mit der Flucht des irischen Adels (»Flight of the Earls«) 1607 auch ihr Land, das die Engländer an Protestanten verteilen und damit die irischen Besitzer zu Pächtern machen. Aus Rache massakrieren diese englische Siedler. Daraufhin fällt Oliver Cromwell 1649 mit 12000 Mann in Irland ein und verwüstet das Land in 285 Tagen. Schlimmer kann es nicht kommen? Doch! 1695 nehmen die Penal Laws den Katholiken die letzten Rechte.

1695 *Mit den Penal Laws verliert die katholische Bevölkerung unter William III. sämtliche Bürgerrechte.*

GROSSE HUNGERSNOT UND EMIGRATION

Was die Engländer nicht schaffen, vollbringt zwischen 1845 und 1849 die Kartoffelfäule: Sie vernichtet die katholische Bevölkerung und treibt sie aus dem Land. Über 1 Mio. Iren sterben an den Folgen der Großen Hungersnot (»The Great Famine«), rund 1,5 Mio. wandern nach Nordamerika und Australien aus, im Gepäck den Hass auf die englischen Invasoren. Denn während das Volk hungert, exportieren die Engländer den in Irland gewonnenen Weizen und tierische Produkte nach England und in andere europäische Staaten.

1845–1849 *Die Große Hungersnot verursacht eine Massenemigration nach Nordamerika und Australien.*

Das schürt den Revolutionsdrang. John O'Mahony, der 1848 an einer Rebellion gegen die Engländer beteiligt war und über Paris in die USA floh, gründet 1859 in New York die »Fenian Brotherhood«. Die Geheimorganisation unterstützt den irischen Unabhängigkeitskampf mit Geld und Waffen, es kommt zu Aufständen in Dublin und Cork, der erhoffte Erfolg bleibt jedoch aus.

Heute stammen mehr als 70 Mio. Menschen in aller Welt von irischen Auswanderern ab.

1881 *Der Ire John Philip Holland wollte mit Unterwasserfahrzeugen die Britische Marine bekämpfen und baute das erste U-Boot, die Feniam Ram.*

GRÜNDUNG DER SINN-FEIN-PARTEI

Der Ruf nach Freiheit wird lauter. 1858 gründen irische Nationalisten die »Irish Republican Brotherhood« (IRB). Sie wollen die Unabhängigkeit Irlands militärisch durchsetzen. Ihre Aufstände scheitern. Der IRB-Mann Arthur Griffith gründet 1905 die Partei Sinn Féin (übersetzt: »Wir selbst«). Als militante Republikaner 1916 während des Osteraufstandes (S. 44) versuchen, die Unabhängigkeit Irlands gewaltsam zu erzwingen, zeigt Sinn Féin erstmals Gewaltbereitschaft. Bei den Wahlen zum Londoner Unterhaus zwei Jahre später kandidiert die Sinn Féin und gewinnt 73 der 105 irischen Mandate. Auf ihre Parlamentssitze verzichtet sie und bildet stattdessen in Dublin mit dem Dáil Eireann das Einkammer-Parlament der unabhängigen irischen Republik (S. 80). Unter der Leitung von Sinn-Féin-Mitglied Michael Collins (S. 74) wird am 6. Dezember 1921 der anglo-irische Vertrag zur Teilung Irlands unterzeichnet. Zwischen den Anhängern und Gegnern des Vertrags kommt es zum Bürgerkrieg. Die Sinn Féin spaltet sich und bildet eine neue Partei, die 1933 in der Fine Gael aufgeht. In den 1970er-Jahren ist Sinn Féin

10. April 1998 *Gerry Adams und Martin McGuinness unterzeichnen das Karfreitagsabkommen, das den Nordirlandkonflikt offiziell beendet.*

Gedenken: 1972 wurden in Londonderry 13 Demonstranten von Briten erschossen

Die Peace Walls in Belfast erinnern bis zum heutigen Tag an die blutigen Auseinandersetzungen während des Nordirlandkonflikts

der politische Flügel der IRA und gewinnt an Macht. Prominenteste Mitglieder sind Gerry Adams und der 2017 verstorbene Martin McGuinness, Architekten des Friedensprozesses, der 1998 im Karfreitagsabkommen mündet, das den Nordirlandkonflikt offiziell beendet.

Am Puls der Zeit

Irland stimmt für das Recht auf Abtreibung

»Frau in Irland stirbt, weil Ärzte Abtreibung verweigern«, lauteten die weltweiten Schlagzeilen im November 2012. Am Universitätsklinikum Galway hatten Gynäkologen einer jungen Zahnärztin in der 17. Schwangerschaftswoche attestiert, dass ihr Baby sterben würde. Trotz der Lebensgefahr für die Mutter durften die Ärzte keinen Abbruch einleiten. Dies sei ein katholisches Land, und solange der Fötus einen Herzschlag habe, könne man nicht eingreifen. So bestimme es das Gesetz, erklärten sie der Frau, die 48 Stunden später an einer Blutvergiftung starb. Es kam zu Demonstrationen im ganzen Land und zum Beginn der »Yes«-Bewegung. Irland ist eines der wenigen Länder, das einen Schwangerschaftsabbruch per Verfassung in allen Fällen verbietet. Auf Abtreibung stehen für Arzt und Mutter bis zu 14 Jahre Haft. Zwar hatte der Oberste Gerichtshof in Dublin bereits 1992 geurteilt, dass Ärzte einen Schwangerschaftsabbruch vornehmen dürfen, wenn Lebensgefahr für die Mutter besteht, das Urteil wurde vom Gesetzgeber allerdings erst 2013 umgesetzt. Die katholischen Erzbischöfe tobten.

In einem Referendum am 25. Mai 2018 stimmten die Iren über eine Lockerung der strengen Abtreibungsregeln ab. Zwei Drittel, 66,4 %, stimmten mit »Yes«. Das neue Gesetz soll Abbrüche bis zur zwölften Schwangerschaftswoche straffrei machen und bei bestimmten Indikationen eine Abtreibung bis zur 24. Woche erlauben. Ministerpräsident Leo Varadkar, vor seiner Karriere als Politiker selbst Arzt, begrüßte das Ergebnis und sprach von einer »stillen Revolution«, die hiermit ihren Höhepunkt erreicht habe.

Wo Helden geboren wurden …

Ostern 1916: Vor dem Hauptpostamt in Dublin wird die Irische Republik ausgerufen. Die britischen Truppen antworten darauf mit Gewehrsalven und Bombardements. Folge: Die Innenstadt ist in Teilen zerstört, die Aufständischen werden hingerichtet.

GENERAL POST OFFICE (GPO) – SCHAUPLATZ DES OSTERAUFSTANDES

»Englands Schwierigkeiten sind eine Chance für Irland«, sagen sich die irischen Nationalisten, als Großbritannien Deutschland 1914 den Krieg erklärt und die Engländer ihre Truppen über den Ärmelkanal schicken. Die Irish Republican Brotherhood plant einen Aufstand und tritt mit dem britischen Kriegsgegner Deutschland bezüglich Waffenlieferungen in Verhandlung. Unterhändler ist der Diplomat Roger Casement, Mitglied der paramilitärischen Irish Volunteers. Das Kaiserreich erklärt sich zu einer Lieferung von 20 000 Waffen und Munition bereit. Finanziert wird der Deal durch Spendengelder irischer Republikaner aus den USA. Die Planung für den Aufstand dauert über ein Jahr, und als es endlich so weit ist, läuft so ziemlich alles schief. Angefangen mit dem deutschen Schiff unter norwegischer Flagge, das am 20. April in der Bucht von Tralee darauf wartet, dass die Iren die Waffen in Empfang nehmen. Stattdessen kommt die britische Marine, die deutsche Funksprüche aufgefangen hat und eskortiert das Schiff nach Queenstown (heute Cobh). Anstatt sich und die Waffen den Engländern auszuliefern, sprengt der Kapitän das Schiff samt der Ladung in die Luft. Einen Tag später erreicht Roger Casement die Südwestküste und wird umgehend verhaftet.

Das GPO wurde 1916 zum Zentrum des blutigen Aufstands gegen die Briten

In der Schalterhalle des Hauptpostamts erinnert nichts mehr an die Rebellion von 1916

Als Eóin MacNeill, Stabschef der Irish Volunteers, von der missglückten Waffenlieferung und der Verhaftung Casements erfährt, versucht er, die Mobilmachung rückgängig zu machen. Der Militärrat der IRB, die einen Großteil der Führerschaft der Irish Volunteers stellt, beschließt, den bewaffneten Aufstand trotzdem durchzuziehen.

Am Ostermontag, dem 24. April 1916, besetzen rund 1200 Rebellen mehrere strategisch wichtige Gebäude in Dublin. Hauptquartier ist das Hauptpostamt (GPO) in der O'Connell Street, weil hier über Telegraf der Rest der Welt zeitnah über den Aufstand informiert werden kann. Kommandeure im GPO sind der Dichter und IRB-Mitglied Patrick Pearse und James Connolly, Mitbegründer der Irish Citizen Army. Am Mittag hissen die Aufständischen auf dem Dach des GPO ein grünes Banner mit goldener Harfe und der Inschrift »Irische Republik« sowie die grün-weiß-orange-farbene Trikolore Irlands, und wenig später proklamiert Pearse vor dem Gebäude die erste provisorische irische Regierung.

Der Aufstand wird am sechsten Tag von der übermächtigen britischen Armee niedergeschlagen. Die 15 Anführer werden verhaftet und im Mai im Kilmainham Gaol durch Erschießen hingerichtet, was die Wut der Bevölkerung entfacht, deren Sympathie nun auf die Seite der Republikaner überschwenkt und den Weg zur Unabhängigkeit 1922 ebnet. An den Aufstand und seine Helden erinnern zahlreiche Gemälde in der Schalterhalle sowie die Statue des legendären Cuchulainn (Held aus der keltischen Mythologie), die den Opfergeist des Osteraufstandes symbolisiert.

Kaum je ist eine Rebellion so chaotisch geplant und durchgeführt worden wie der Osteraufstand, aber gerade sein Scheitern schuf Märtyrer und führte letztendlich zur Unabhängigkeit Irlands.

Das GPO in der O'Connell wird weiterhin als Postamt genutzt und ist Mo–Sa von 8.30–18 Uhr frei zugänglich. Außerdem informiert heute hier ein Museum über den Osteraufstand. Mo–Sa 10–17.30 Uhr, Eintritt 13 €.

Von Geistern und Giganten

Jenseits der Küste: Im Landesinneren des »Ancient East« erzählt jede Burgruine eine Geschichte und rankt sich um jeden Steinhaufen eine Legende.

DIE GEISTER, DIE ER RIEF

Das Unheil Irlands nahm am Rock of Dunamase im County Laois (Aussprache »Leesh«) seinen Anfang. Auf dem Felsplateau stand im 12. Jh. die Burg von Provinzkönig Dermot MacMurrough (S. 101), der im Verlauf einer Zänkerei die Frau seines Rivalen Tiernan O'Rourke entführte und sie auf der Burg gefangen hielt. Aus Rache verbündete sich O'Rourke mit zwei anderen Königen und vertrieb MacMurrough 1166 aus seinem Reich. Dieser floh nach England und mobilisierte mit Erlaubnis von König Heinrich II. eine Söldnerarmee, die unter Heerführer Richard »Strongbow« de Clare 1169 in Irland einfiel. Als Gegenleistung versprach MacMurrough ihm die Erbschaft seines Königreichs, die Hand seiner Tochter Aoife (Aussprache »Ifa«) und als Hochzeitsgeschenk Dunamase Castle. Konnte er ahnen, dass

Entführung und Rache
Der Rock of Dunamase liegt ca. 6 km östlich von Port Laoise, neben der N80. Die Ruine ist frei zugänglich.

An strategisch günstiger Stelle auf einem Hügel wurde Dunamase Castle errichtet

Kanonisches Recht, Philosophie und Theologie wird im St. Patrick's College gelehrt

die Anglo-Normannen nur drei Jahre später damit beginnen würden, sich die gesamte Insel unter den Nagel zu reißen? Miterleben musste er es nicht mehr, denn er starb 1171. Die Nachkommen von Aoife und Strongbow lebten bis Mitte des 14. Jh. auf der Burg, danach verfiel sie im Laufe der Jahrhunderte zu der Ruine, die sie heute ist. Bei klarem Himmel bietet sich von hier ein herrlicher Blick über die Midlands.

DIE MACHT DER FITZGERALDS

Kaum war Strongbow König der Provinz Leinster, verschenkte er im County Kildare Land an Maurice FitzGerald, der mit ihm 1169 in Irland eingefallen war. Dieser errichtete darauf die erste Version von Maynooth Castle. Ab 1316 »Earls of Kildare«, wuchsen die FitzGeralds zu einer mächtigen Dynastie heran, der es an Reichtümern und Beziehungen nicht mangelte. Der 8. Earl of Kildare, Gearoid Mor FitzGerald, wurde 1478 vom englischen König zum Lord Deputy (Generalstatthalter) Irlands ernannt und war entschlossen, dem Haus Kildare die ungeteilte Vormachtstellung zu sichern. Nach seinem Tod 1513 folgte ihm sein Sohn Gearoid Og ins Amt. Als es in England zu politischen und religiösen Umwälzungen kam, schwand die Macht der FitzGeralds dahin. Andere anglo-irische Adelsfamilien, denen die Kildares zu mächtig geworden waren, schmiedeten Komplotte gegen den Earl, der schließlich 1534 nach

Treue-Eid und Rebellion
Maynooth Castle, Main Street, Maynooth, Mitte Mai–Ende Sept. tgl. 10–18 Uhr, Eintritt frei

London zitiert wurde. Die Regierungsgeschäfte übertrug er derweil seinem Sohn Thomas, der wegen seiner eleganten Kleidung unter dem Namen Silken Thomas in die Geschichte einging. In London wurde Earl Kildare nicht nur seines Amtes behoben, sondern auch gleich in den Tower of London geworfen. Als Silken Thomas Gerüchte zu Ohren kamen, dass sein Vater in London hingerichtet worden sei und ihm und seiner Verwandtschaft dasselbe Schicksal drohe, widerrief er den Treue-Eid gegenüber Heinrich VIII., rebellierte nun offen gegen die Engländer und verbarrikadierte sich nach einem erfolglosen Angriff auf das Dubliner Schloss in Maynooth Castle. 1536 ergab er sich unter Zusicherung von freiem Geleit, wurde aber umgehend mitsamt seinen fünf Onkeln im Londoner Tower inhaftiert, des Hochverrats angeklagt und zum Tode verurteilt. Die Burg bildet heute den Eingangsbereich für das St. Patrick's College, ehemals Priesterseminar und heute Teil der National University of Ireland.

Riesen-Rätsel
Der Proleek Dolmen befindet sich auf dem Gelände des Ballymascanlon Hotels auf der Halbinsel Cooley.

DIE LAST DES GIGANTEN

Der schottische Riese Parrah Boug McShagean hatte seinen irischen Rivalen Fionn Mac Cumhall zu einem Kampf herausgefordert und kam mit einem 35 Tonnen schweren Stein bewaffnet nach Irland. Um den Kampf zu umgehen, vergiftete Fionn den nahen Fluss. Parrah trank daraus und starb. Fionn soll ihn daraufhin in einem Keilgrab begraben haben. So die Legende. Der als »Giant's Load« bekannte 3 m hohe Proleek Dolmen im County Louth ist Wissenschaftlern ein Rätsel. Wie ist es in der Jungsteinzeit gelungen, einen so schweren Deckstein auf drei aufrecht stehende Steine zu hieven? Den schottischen Riesen gab es sicher nicht. Oder doch? Wie dem auch sei, wem es gelingt, drei Kiesel auf den Deckstein zu werfen, ohne dass diese wieder herunterpurzeln, dem wird ein Wunsch erfüllt, sagt man.

Rätselhaft: Wie gelangte der Deckstein da hinauf?

Schauplatz eines abscheulichen Gattenmords: die Ruinen von Castle Roche

DAS SCHLOSS DER GATTENMÖRDERIN LADY ROHESIA

Castle Roche im County Louth soll die einzige Burg Irlands sein, deren Bau von einer Frau in Auftrag gegeben wurde. Rohesia de Verdun war mit dem vermögenden Theobald le Botiller verheiratet, dem 2. Chief Butler Irlands. Als er nach fünf Jahren Ehe starb, machte sich die Witwe mit ihren Kindern auf den Weg nach Irland, um fortan auf dem Land zu leben, das Theobald ihr hinterlassen hatte. Lady Rohesia plante den Bau eines Schlosses. Da sie keinen geeigneten Baumeister für ihre extravaganten Wünsche fand, versprach sie demjenigen die Heirat und die Hälfte ihres Landbesitzes, der ihr ein Schloss exakt nach ihren Wünschen bauen würde. Lange musste sie nicht auf Angebote warten. Als das Schloss 1236 stand, fand die Hochzeit statt, die Nacht überlebte der frisch angetraute Gatte jedoch nicht. Während er die Aussicht am großen Fenster im Schlafzimmer bewunderte, schubste Rohesia ihn in die Tiefe. Dem Fenster wurde danach der Name »murder window« verliehen.

Die Witwe vermachte das Anwesen ihrem Sohn, John de Verdun, und ging nach England ins Kloster. Das Schloss fiel 1641 der Verwüstung Cromwells zum Opfer, gehört aber zu den schönsten anglo-normannischen Burgruinen im historischen Osten.

Mörderwitwe
Castle Roche liegt auf einem felsigen Hügel 10 km nordwestlich von Dundalk und ist frei zugänglich.

Mit einem solchen Lederboot soll der Heilige Brendan von Irland bis nach Neufundland gerudert sein

Bootsabenteu(r)er

Origineller als mit dem ledernen Currach (Curagh) kann man sich in Irland nicht fortbewegen – Lust zum Rudern natürlich vorausgesetzt.

EIN BOOT FÜR ENTDECKER

Es hämmert und klopft. Der Duft von frisch gesägtem Holz hängt in der Luft. Im Schuppen des Bootsbauers Meitheal Mara in Cork hantieren zwei Arbeiter an dem Skelett eines Currachs. Auf den Werkbänken liegt ein Sammelsurium an Werkzeugen, an den Wänden hängen Pläne zum Bootsbau, bunte Schnüre und Kabel. Das Boot, an dem gerade gearbeitet wird, ist das traditionelle Arbeitsboot der irischen Westküste. Es besteht aus einem leichten Holzgerippe, das mit dünnem Leder bespannt und geteert wird. Currachs (wird kurreck ausgesprochen) werden seit rund 2000 Jahren zum Fischen, Angeln und Torf-Transport benutzt, heute allerdings seltener als früher. An der Westküste ist das legendäre Currach nach wie vor ein vertrauter Anblick. Meitheal Mara, ausgesprochen »meh-hal ma-ra« und übersetzt »Arbeiter des Meeres«, baut die traditionellen irischen

Boote seit 1993 und ist einer der Wenigen in Irland, die diese Tradition weiterleben lassen. Meitheal Mara ist Mitorganisator des jährlich Anfang Juni stattfindenden Ruderrennens »Ocean to City Race – An Rás Mór« im Hafen von Cork, an dem natürlich auch seine Currachs ins Rennen gehen.

Bekanntester Currach-Fahrer ist der von der Dingle-Halbinsel stammende Heilige Brendan, der im 6. Jh. zahlreiche Klöster in Irland gründete und durch seine Erzählung »Navigatio Sancti Brendani« (Die Seereise des Sankt Brendan) berühmt wurde. Mit einem Currach soll er zwischen 565 und 573 mit Gefährten bis nach Neufundland gefahren sein. Eine über 7000 km lange Seereise in einem kleinen Leder-Currach von Irland nach Nordamerika im Frühmittelalter? Kaum möglich. Oder doch? Der britische Abenteurer Tim Severin wiederholte die Reise aus der »Navigatio«: Im Mai 1976 stach er mit vier Freunden an der irischen Westküste mit einem altirischen Leder-Currach in See, das er nach mittelalterlichen Plänen selbst gebaut hatte – das Replikat des heiligen Seefahrers, ein 11 m langes Zweimaster-Currach. Auf den Spuren von Brendan durchquerte er den Nordatlantik in zwei Etappen und erreichte im Juni 1977 Neufundland. Sollte es also tatsächlich Brendan gewesen sein, der mit einem Currach Amerika entdeckte?

Sich mit einem Currach fortzubewegen, macht Spaß. Das Rudern strengt zwar an, aber es müssen ja keine weiten Etappen zurückgelegt werden. Sie brauchen dafür nicht einmal an die Westküste zu reisen, auch auf dem River Boyne an der Ostküste lässt es sich in einem Currach prima rudern – und weniger gefährlich als auf dem Meer ist es für ungeübte Ruderer sowieso!

Mit dem Currach durch 5000 Jahre Geschichte im Boyne Valley

Zusammen mit einem Tourguide rudern Sie auf dem River Boyne in einem 7 m langen Kerry Naomhog Currach, das Platz für acht Personen bietet. Unterwegs erzählt der Guide spannende Geschichten zum Boyne Valley, mit seinen prähistorischen Stätten das Herz des Ancient East.

Boyne Boats Adventure, *Oldbridge, Drogheda, Tel. 086/3 61 64 20, http://boyneboats.ie. Dauer der Tour: 90 Min., Preis 20 €/Person, Kinder/Teenager 15 €.*

Schlösser, Parkanlagen und grandiose Küstenstriche am Wild Atlantic Way

Er ist Irlands unangefochtener Besuchermagnet: der vom Golfstrom verwöhnte Süden und Südwesten des Landes. Während sich Irland zumeist rau präsentiert, lädt hier eine stellenweise etwas lieblichere Landschaft zu Erkundungstouren ein. Auf dem Weg liegen historische Stätten, prächtige Schlösser und atemberaubende Küstenabschnitte.

Die Tour auf einen Blick

Startpunkt: Dublin **Ziel:** Tralee an der Dingle-Halbinsel
Gesamtlänge: 948 km
Reine Fahrtzeit: 20 Std. (5-Tage-Tour)
Orte entlang der Route: Dublin – Maynooth – Port Laoise – Birr – Kilkenny – Waterford – Lismore – Cobh – Cork – Bantry – Glengarriff – Castletownbere – Bere Island – Kenmare – Portmagee – Castlemaine – Dingle – Tralee

E1 VON DUBLIN NACH BIRR (160 km/ca. 3 Std.)

Vorbei an geschichtsträchtigen Burgen und Schlössern und durch eine sattgrüne Landschaft führt die erste Etappe

Achtung! *Irlands Landstraßen sind oft schmal, kurvenreich und zum Teil nur einspurig zu befahren, also doppelte Fahrzeit einkalkulieren!*

Am Flughafen von Dublin geht's los. Mietwagencheck und dann ab auf die linke Spur! Das Linksfahren ist ungewohnt, aber machbar. Und über die Autobahn M50 ist es auch nur ein Katzensprung bis ins nahe gelegene Uni-Städtchen Maynooth. Hier lohnt ein Besuch des Maynooth Castle (S. 47), dessen von prächtigen Bäumen umgebene Ruine den Eingangsbereich des St. Patrick's College bildet, einst das bedeutendste Priesterseminar Irlands. Die Straße windet sich sodann durch eine üppig grüne Wiesenlandschaft, schon hier wird klar, warum Irland auch die Grüne Insel genannt wird. Bei Port Laoise im County Laois verlassen wir die M7 Richtung Rock of Dunamase. Auf dem grasbewachsenen Fels in 140 m Höhe thront malerisch die Ruine des Schlosses von Provinzkönig Dermot MacMurrough

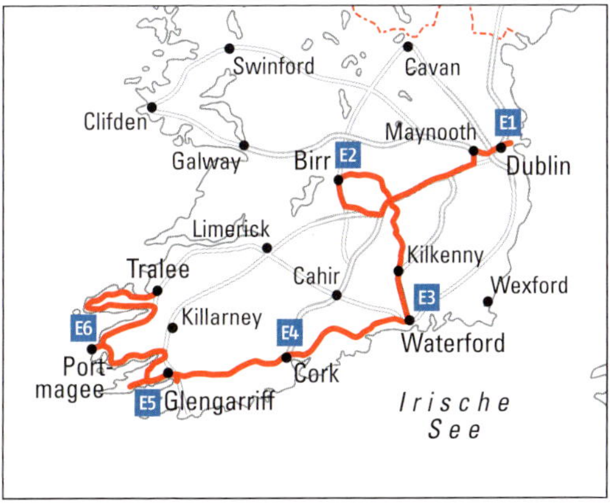

ADAC Traumstraße: Etappen 1 bis 6 (Detailplan siehe Faltkarte Rückseite)

(S. 101), die auf eine bewegte, rund 1000-jährige Geschichte zurückblickt und von der aus man einen grandiosen Weitblick bis zu den Slieve Bloom Mountains genießt. Hier nahm der jahrhundertealte Zank mit den Engländern seinen historischen Anfang. Wir folgen erneut der M7 Richtung Birr (S. 133) im County Offaly. Highlight des schmucken Kleinstädtchens ist Birr Castle mit seinem mächtigen Riesenteleskop »Leviathan«.

Übernachten
€€ | *Country Arms Hotel, stilvolles Haus in Birr (S. 149)*

E2 DURCH DEN ANCIENT EAST NACH WATERFORD (139 km/2 ½ Std.)

Auf der zweiten Etappe geht es entlang einer herrlichen Gebirgskette und vorbei an schmucken Dörfern und Städtchen in Irlands älteste Stadt

Weil es unterwegs so viel zu sehen gibt, verzichten wir auf die gut ausgebaute Bundesstraße und fahren auf der Landstraße R440 in östlicher Richtung über die Slieve Bloom Mountains nach Kilkenny. Gut, mit einer Höhe von etwas über 500 m sind es keine Berge im eigentlichen Sinn, aber die einsame Mittelgebirgslandschaft, übrigens ein herrliches Wandergebiet, ist unschlagbar. Es geht durch urige Dörfer wie Kinnitty mit seinem wunderschönen Schloss und dann auf der R430 Richtung Abbeyleix. Vor uns tuckert ein Traktor mit Anhänger, Überholen unmöglich! Egal! Der Weg ist das Ziel und die Landschaft so friedlich und beschaulich. Endlich in Abbeyleix angekommen, bringt uns die N77 direkt nach Kilkenny (S. 104). Die engen Gassen des Ortes

Der Magen knurrt? *Kehren Sie zum Mittagessen ins Ristorante Rinuccini (S. 106) in Kilkenny ein!*

Bei Waterford liegt der hübsche Fischerhafen von Dunmore East

Übernachten
€€ | *Granville Hotel, nostalgische Zimmer in Waterford (S. 116)*

und das Schloss verlocken zum gemütlichen Sightseeing. Über die N10 und M9 gelangen wir anschließend nach Waterford (S. 102), Irlands älteste Stadt und ein Sehnsuchtsziel für alle, die Kristallwaren lieben.

E3 VON WATERFORD NACH CORK

(150 km/3 Std.)

Heute steht viel Sightseeing auf dem Programm. Traumhafte Gärten und ein buntes Hafenstädtchen liegen am Weg Richtung Südküstenmetropole Cork

Essen mit Hafenblick
Ein Guinness, etwas zu essen, dazu der Blick aufs glitzernde Wasser: Willkommen auf der Terrasse von The Quays (www.thequays.ie) in Cobh.

Back to the road! Nach dem Frühstück gelangen wir über die N25 und N72 ins hübsche Städtchen Lismore (S. 108) am Blackwater River. Hier locken die Lismore Castle Gardens, die wohl schönsten Gärten des Landes. In der zauberhaften Anlage rund um das wehrhafte Kastell verströmen im Sommer Blumen ihren betörenden Duft, lauschige Sitzbänke laden zum Verweilen ein. Man mag sich kaum losreißen, würde nicht schon das nächste Ziel locken: Cobh auf Great Island (S. 113), das man über die R627 und N25 (Exit 3) erreicht. Der Hafen des irgendwie mediterran wirkenden Städtchens mit seiner markanten Kathedrale war letzter Stopp der Titanic, bevor sie der Katastrophe entgegenfuhr. Vieles erinnert heute noch daran. In 30 Minuten ist von hier Cork (S. 110) erreicht. Mit einer ausgiebigen Sightseeing-Tour, die unbedingt den English Market mit einschließen sollte, beenden wir den Tag.

E4 VON CORK NACH GLENGARRIFF

(103 km/2 ½ Std.)

Endlich am Wild Atlantic Way angekommen! Die Küstentour beginnt!

Gut ausgeruht, geht's am Vormittag in anderthalb Stunden Fahrt nach Bantry (S. 120) an der tief eingeschnittenen Bantry Bay. Hier machen wir uns gleich auf zur größten Attraktion des Ortes, dem schlossähnlichen Bantry House, wo die »Himmelstreppe« einen fantastischen Blick über die zerklüftete Bucht bietet, in der die Sonnenstrahlen herrliche Lichtreflexe auf das blaue Wasser zaubern. Im 20 km entfernten Glengarriff (S. 121) am Ring of Beara tuckern wir dann in 15 Minuten mit einer kleinen Fähre (www.harbourqueenferry.com) zur Blumeninsel Garnish Island, nah vorbei an Robbenbänken. Hinter uns lugt auf einem Hügel zwischen Bäumen die einstige Villa des in Irland geborenen Hollywoodstars Maureen O'Hara hervor. Auf Garnish Island fühlt man sich stellenweise nach Italien versetzt, im Sommer betört eine bunte Blumenpracht die Sinne. Herrliche Spazierwege, Säulengänge und das Haus des Inselbesitzers John Annan Bryce (1841–1923) machen den Aufenthalt zum Genuss. Nach einem Kaffee geht's zurück ins deutlich touristischere Glengarriff.

Übernachten

€–€€ | Eccles Hotel, im angeschlossenen Garinish Restaurant speist man mit Blick auf die Hafenbucht. Glengarriff, Harbour, Tel. 027/630 03, www.eccleshotel.com

Ab auf die Insel Garnish mit dem Boot von Glengarriff

E5 VON GLENGARRIFF NACH PORTMAGEE

(180 km/3 ½–4 Std.)

Eine atemberaubende Panoramaküstenstraße, ein grandioser Bergpass, viele Schafe und eine »Star-Wars«-Insel machen den Reiz dieser Etappe aus

Über den Ring of Beara (R572) geht es nach Castletownbere und von dort mit der Autofähre nach Bere Island (2 x stdl.), wo ein leicht zu bewältigender Wanderweg (Fort Loop Walk) grandiose Ausblicke auf Meer und Klippen beschert. Bei Murphy's, Supermarkt, Post und Café in einem, kosten wir am Mittag frisch gebackenes Sodabread. Himmlisch! Zurück in Castletownbere, geht es zum Healy Pass. Der serpentinenreiche, kaum befahrene Pass über die Caha Mountains zählt zu den landschaftlich schönsten Abschnitten des Ring of Beara. Die 12 km lange Gebirgsstraße führt quer über die Halbinsel

Im Vergleich zum berühmten Ring of Kerry herrscht am Ring of Beara wenig Verkehr

und bietet einen atemberaubenden Blick über Berge, romantische Seen und jede Menge Schafe. Vorsicht ist angesagt! Mehr als einmal müssen wir anhalten, weil ein Schaf mitten auf der einspurigen Straße sitzt und keine Anstalten macht, aufzustehen. Schafe gelten hier eben als gleichberechtigte Verkehrsteilnehmer! Die R571 bringt uns nach Kenmare, wo der berühmte Ring of Kerry (S. 122) beginnt. Ende der heutigen Etappe ist das kleine Hafenstädtchen Portmagee, einer der Drehorte von »Star Wars: Das Erwachen der Macht«.

Übernachten
€–€€ | *The Moorings Guesthouse, beliebte Adresse in Portmagee (S. 148)*

E6 VON PORTMAGEE NACH TRALEE

(216 km/4–5 Std.)

Die Umrundung der Dingle-Halbinsel steht auf dem Programm – eine Bilderbuchszenerie mit schroffen Klippen, weißen Stränden und verlassenen Inseln

Nachdem wir abends im Pub des Moorings Guesthouse jede Menge Anekdoten zu den »Star-Wars«-Dreharbeiten gehört haben, geht es am Morgen nach Castlemaine, dem Tor zur Dingle-Halbinsel (S. 126). Wir folgen der R561, an der mit dem Inch Beach einer der schönsten Strände Irlands liegt. Ein Strandspaziergang und Muschelsuche müssen jetzt sein, bevor es weitergeht nach Dingle (S. 126), das sich mit seinen bunten Häuschen an einer fast geschlossenen Bucht erstreckt, in der sich vor vielen Jahren ein zahmer Delfin angesiedelt hat. Seafood-Restaurants und Imbissstände am Hafen lassen die Lebensgeister zurückkehren, bevor die Fahrt auf der R559 fortgesetzt wird. Nächster Stopp ist die alte Eisenzeitfestung Dunbeg Fort (S. 126) am Klippenrand. Nicht weit davon stehen auf der gegenüberliegenden Seite die am besten erhaltenen »Bienenkorbhütten« des Landes. Kurz darauf ist der Aussichtspunkt Slea Head erreicht, wo sich ein grandioser Blick auf die verlassenen Great Blasket Islands bietet. Das nahe gelegene Blasket Heritage Centre in Dunquin (S. 127) informiert bestens über die Geschichte der Inseln, die im Winter oft von der Außenwelt abgeschnitten waren. Ein Film dokumentiert eindringlich und anschaulich das entbehrungsreiche, harte Leben auf den Blaskets. Zurück in Dingle, steht die Überquerung des 1,4 km langen Connor Pass an. Obwohl er nur 450 m über dem Meer liegt, fühlen wir uns wie auf einem Alpenpass. Die Straße ist sehr eng und für Fahrzeuge, die breiter als 1,80 m sind, gesperrt, zudem gibt es nur wenige Ausweichbuchten für entgegenkommende Fahrzeuge. Der Blick auf die einsame Bergwelt, die kleinen Seen und das Meer in der Ferne ist spektakulär. Das lohnt die Strapaze! Weiter führt uns die N86 nach Tralee, dem Ende unserer Traumstraße.

Übernachten
€–€€ | *Grand Hotel, eine wahrlich feine Adresse und damit ein traumhafter Abschluss der Tour. Denny St, Tralee, Tel. 066/7121499, www.grandhoteltralee.com*

Zurück zum Ausgangspunkt: Über die N21 nach Limerick und die M7 über Port Laoise erreicht man in ca. vier Stunden Fahrt wieder die Hauptstadt Dublin.

Dunbeg Fort auf der Dingle-Halbinsel stammt noch aus der Eisenzeit

Unterwegs

Fähren verbinden bei gutem Wetter das Festland mit Tory Island, einer rauen, zerklüfteten Insel im Nordwesten Irlands

Das will ich erleben

Irland ist ein faszinierendes Reiseziel. Daran ändert auch das viel beschworene Klischee, dass es auf der »Grünen Insel« ständig regnet, nichts. Es regnet es zwar in der Tat öfter als in Deutschland, dafür aber selten lange und heftig. Regenschauer verschwinden ebenso schnell, wie sie gekommen sind. Die wechselnden Lichtstimmungen, wenn sich Sonne und dunkle Regenwolken abwechseln, sind geradezu legendär. Und, ehrlich gesagt, was wäre Irland ohne Regen? Jedenfalls nicht so grün! Das Wetter ist so vielfältig wie das Land – auf einem Roadtrip erleben Sie mitunter vier Jahreszeiten an einem Tag.

1

Glanzlichter der Architektur

Irland bietet einzigartige Bauwerke: z.B. die Georgian-Style-Häuser mit ihren bunten Türen rund um den Merrion Square in Dublin, ein Kloster mitten in der wilden, einsamen Landschaft Connemaras, das einem verwunschenen Märchenschloss ähnelt, und eine mittelalterliche Mönchssiedlung in luftiger Höhe, die »Star Wars«-Fans aus aller Welt anzieht.

1 Merrion Square 78
Dublin im georgianischen Zeitalter

22 Skellig Michael 124
Mittelalterliches Kloster in schwindelerregender Lage

32 Kylemore Abbey 142
Einst Liebesschloss, heute Kloster

25

Pub-Gemütlichkeit

Die Pubs sind das »Wohnzimmer« der Iren. Hier trifft man sich am Abend, hier wird getrunken, gelacht, gestritten, diskutiert und natürlich auch musiziert. Über 10 000 Pubs gibt es im ganzen Land, einer uriger als der andere. The Cobblestone in Dublin, Gus O'Connors in Doolin und Kelly's Cellar in Belfast gehören zu den schönsten Pubs des Landes.

1 The Cobblestone 75
Je später der Abend, desto besser die Musik

25 Gus O'Connors Pub 132
Das Zentrum traditioneller Irish Music Sessions

44 Kelly's Cellar 169
Pub mit revolutionärer Vergangenheit

Fantastische Ausblicke

Irland ist voller traumhafter Ausblicke, aber kaum zu toppen sind die atemberaubenden Blicke vom Healy Pass auf der Halbinsel Beara und dem Connor Pass auf der Dingle-Halbinsel über Berge, Meer, Seen und jede Menge Schafe sowie der Rundumblick auf den Cliffs of Moher.

23

Einzigartige Landschaften

Diese Landschaften gibt es nur in Irland: den Burren – Felsen und Steine, so weit das Auge reicht, und das über mehr als 200 km², Connemara, eine Landschaft, die mit ihrer wilden Schönheit fasziniert, und den Glenveagh National Park mit seinen Moorlandschaften, Seen, unberührten Wäldern und mittendrin einem wunderschönen Schloss.

32

Die besten Shoppingmeilen

Dublin glänzt mit seiner weltberühmten Grafton Street. Hier gibt es nicht nur die besten Läden der Stadt, in der Straße spielt auch die Musik. Was Grafton für Dublin, ist die St. Patrick's Street für Cork. Selbst in kleinsten Städtchen lässt sich gut shoppen, wie am »The Diamond« in Donegal, wo es die besten Tweed-Klamotten gibt.

1

Lebendige Musikszene

Irland bietet neben Irish Folk Music in den Pubs auch Musikfestivals von Klassik bis Jazz. Das Wexford Opera Festival zählt zu den führenden Opernfestivals der Welt, das Guinness Jazz Festival in Cork zieht 40 000 Zuschauer an, Folk dagegen hört man beim Doolin Folk Festival.

Kulinarisches Irland

Die Zeiten, in denen es in Irland nur Kartoffeln und Irish Stew gab, sind längst vorbei. Heute glänzt das Land mit Food-Festivals und atmosphärischen Märkten. In Kinsale wird einmal jährlich das Beste aus Irlands Küche serviert, in Galway wird die Auster gefeiert, und auf dem English Market in Cork alles, was das Schlemmer-Herz begehrt.

Meer und mehr

Mit einer Küstenlänge von 1448 km und zahlreichen Inseln ist man in Irland nie mehr als zwei Autostunden vom Meer entfernt. Der Inch Beach auf der Dingle-Halbinsel gehört zu den schönsten Stränden der Welt. Einsamkeit und Meer ringsum findet man auf Tory Island und spektakuläre Steine am Giant's Causeway.

Moderne Kunst und Alte Meister

Irland glänzt mit Kunstmuseen. In der National Gallery in Dublin findet man die berühmten alten Meister, das IMMA ist die führende staatliche Institution für Gegenwartskunst, und in Sligo befinden sich Bilder von Jack B. Yeats, Bruder des Literaturnobelpreisträgers.

Oasen der Ruhe

Irland bietet viele Oasen der Ruhe, vor allem in einsamen Landschaften, aber auch mitten in der Stadt. In der Library Bar in Dublin und der Linen Hall Library in Belfast vergisst man den Trubel auf den Straßen, im Deserted Village, dem Ruinendorf auf Achill Island, kann man die Stille manchmal sogar hören.

Archäologische Schätze

Die ganze Insel ist voller frühzeitlicher Monumente. Keinesfalls verpassen sollte man den Hill of Tara, Sitz der irischen Hochkönige, den 5000 Jahre alten Poulnabrone Dolmen in der einsamen Landschaft des Burren und Clonmacnoise, die gigantische Klosteranlage des hl. Kieran aus dem 6. Jh.

Dublin und Umgebung

Vom kleinen Handelsposten der Wikinger zur angesagten Kulturmetropole mit faszinierenden Museen und legendären Pubs

Ob Naturliebhaber, Kulturbegeisterte oder Shoppingfan: Mit ihren interessanten Museen und Galerien, lebendigen Musik-Pubs, Einkaufsstraßen, ihrer Lage in der Dubliner Bucht und den nahen Wicklow Mountains hat die irische Metropole für jeden Besucher etwas zu bieten. Auch schöne Strände (z.B. in Malahide und Sandycove) zum Relaxen liegen nur 30 S-Bahn-Minuten von der Hauptstadt entfernt.

In diesem Kapitel:

ADAC Top Tipps:

1 Trinity College, Dublin
| Universität |

In der Bibliothek der Universität ist das schönste Buch der Welt ausgestellt: das im 8. Jh. entstandene, ganz wunderbar ornamental verzierte Book of Kells. 76

2 Kilmainham Gaol, Dublin
| Museum |

In dem Ende des 18. Jh. errichteten, geschichtsträchtigsten Gefängnis Irlands wurden die Rebellenführer des berühmten Osteraufstands von 1916 inhaftiert und schließlich exekutiert. Ein Rundgang mit Geschichtsstunde! 89

3 Brú na Bóinne
| Ganggrab |

Die über 5000 Jahre alten Ganggräber von Newgrange sind älter als die ägyptischen Pyramiden. Bis heute sind nicht alle Geheimnisse der prähistorischen Stätte gelüftet. 93

ADAC Empfehlungen:

1 EPIC – The Irish Emigration Museum, Dublin
| Museum |

Eine interaktive Zeitreise durch Irland von 1845 bis heute, im Fokus stehen die große Hungersnot 1845–49 und die Emigration, die 1,5 Mio. Iren eine neue Heimat bescherte. 70

5

3

3
U2
The Unforgettable Fire
NEW CASSETTE NOW AVAILABLE ON
HIGH QUALITY
CHROME CASSETTE

1 Dublin

Geschichtsträchtige Hauptstadt und pulsierende Metropole

Es lässt sich herrlich flanieren am Fluss Liffey, der Dublin in zwei Stadtteile teilt

i Information

■ Visit Dublin, 25 Suffolk St., Dublin 2, Tel. 01/851 44 15 47, www.visitdublin.com, Mo–Sa 9–17.30, So 10.30–15 Uhr
■ Parken: siehe S. 67

Dublin wurde Mitte des 9. Jh. von den Wikingern gegründet und ist damit eine der ältesten Städte der Insel. 1170 fiel sie unter Heinrich II. in die Hände der Anglo-Normannen. Im frühen 13. Jh. wurde auf Befehl des englischen Königs John die Festung Dublin Castle errichtet, bald Zentrum der britischen Verwaltung. Bis 1782 wohnte der Vizekönig in der Burg auf dem Cork Hill. Die Stadt an der Liffey entwickelte sich nach 1730 zur größten des britischen Königreichs nach London. Der Großteil der Architektur stammt aus dem georgianischen Zeitalter (1714–1837), dessen Name sich von den vier britischen Königen namens George ableitet, die nacheinander in dieser Zeit regierten. Charakteristisch für den Georgian Style in Dublin sind die Fassaden der Häuser mit den bunt gestrichenen Türen. Die Legende besagt, dass die Bürger die Türen bunt anmalten, um ihre Häuser auch nach ein paar Guinness zu viel noch zu finden. Einer anderen Legende nach wurde in England angeordnet, zu

Plan S. 68/69

Königin Victorias Tod zum Zeichen der Trauer alle Türen schwarz zu streichen. Die Iren rebellierten und strichen die Türen bunt statt schwarz. Wahrscheinlicher ist jedoch, dass die Bewohner ihren Backsteinhäusern einen individuellen Touch innerhalb der von den Engländern vorgeschriebenen Einheitsarchitektur geben wollten. Besonders schöne Türen findet man rund um St. Stephen's Green, den Fitzwilliam und Merrion Square.

Der Fluss Liffey teilt die Stadt in zwei Hälften – in die North Side und die South Side. Die Dubliner sprechen auch von North of the Liffey and South of the Liffey. Die meisten Sehenswürdigkeiten befinden sich in der eleganteren South Side. Während auf der North Side im 18. Jh. die ersten Prachtbauten im georgianischen Stil entstanden, wurden beim Osteraufstand 1916 und im Bürgerkrieg 1922 große Teile des dortigen Zentrums zerstört. Die Oberschicht wanderte ab, Arbeiterviertel entwickelten sich, und die Nordseite verfiel. Die Gegend auf der nördlichen Seite des Flusses ist jenseits der Prachtmeile O'Connell Street auch heute noch etwas heruntergekommen, hat aber durchaus ihren Charme. Die Stadt ist in die Bezirke 1–24 aufgeteilt, wobei sich Dublin 1, 2, 7 und 8 im Stadtzentrum bzw. in dessen unmittelbarer Nähe befinden.

Passender Startpunkt für Entdeckungsreisen durch Dublin ist die O'Connell Bridge, die den Fluss Liffey überspannt. Sie ist Dreh- und Angelpunkt der Stadt. Die Brücke, die mit ihren 50 m so breit wie lang ist, verbindet die geschäftige O'Connell Street im Norden mit der D'Olier Street im Süden, die nach einem der Gründer der Bank of Ireland, Jeremiah d'Olier, benannt ist.

ADAC *Mobil*

Parkplatzsuche leicht gemacht
Günstig liegt bei der Ankunft der Smithfield Car Park, 7 Queen St. In der kleinen Faltkarte »Dublin City Car Park Access Guide«, die man kostenlos in der Touristeninformation in der Suffolk St. 25 erhält, sind alle Parkplätze der Innenstadt eingezeichnet.

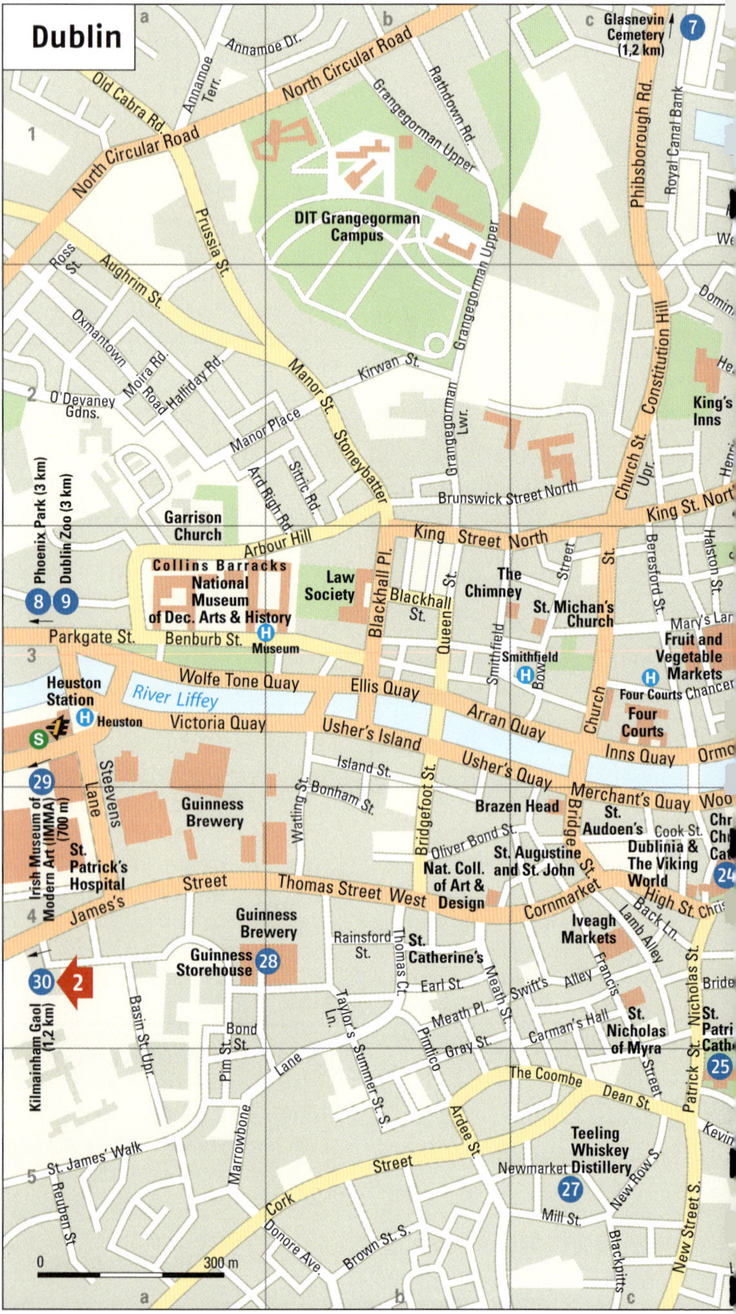

Dublin
a
b
c
1
2
3
4
5
Glasnevin Cemetery (1,2 km)
7
Annamoe Dr.
Annamoe Terr.
Old Cabra Rd.
North Circular Road
Grangegorman Upper
Rathdown Rd.
Phibsborough Rd.
Royal Canal Bank
DIT Grangegorman Campus
Prussia St.
Ross St.
Aughrim St.
Oxmantown
Moira Rd.
Road
Halliday Rd.
Manor St.
Kirwan St.
Constitution Hill
King's Inns
O'Devaney Gdns.
Manor Place
Stoneybatter
Sitric Rd.
Ard Righ Rd.
Grangegorman Lwr.
Church St. Upr.
Brunswick Street North
Phoenix Park (3 km)
Dublin Zoo (3 km)
8
9
Garrison Church
Arbour Hill
Collins Barracks
National Museum of Dec. Arts & History
Museum
Law Society
Blackhall Pl.
King Street North
King St. North
Queen St.
Blackhall St.
The Chimney
Street
St. Michan's Church
Beresford St.
Halston St.
Mary's Lane
Parkgate St.
Benburb St.
Smithfield
Bow St.
Fruit and Vegetable Markets
Four Courts
Chancery
Heuston Station
Heuston
River Liffey
Wolfe Tone Quay
Ellis Quay
Arran Quay
Church St.
Victoria Quay
Usher's Island
Inns Quay
Ormond
Island St.
Usher's Quay
Merchant's Quay
Wood Quay
29
Irish Museum of Modern Art (IMMA) (700 m)
Steevens Lane
Guinness Brewery
Bonham St.
Watling St.
Bridgefoot St.
Brazen Head
Bridge St.
St. Audoen's
Cook St.
Oliver Bond St.
St. Augustine and St. John
Dublinia & The Viking World
24
St. Patrick's Hospital
James's Street
Thomas Street West
Nat. Coll. of Art & Design
Cornmarket
High St.
Back Ln.
Lamb Alley
Iveagh Markets
Guinness Brewery
Guinness Storehouse
28
Rainsford St.
Thomas Ct.
St. Catherine's
Earl St.
Meath St.
Swift's Alley
Francis Street
Nicholas St.
Bride St.
30
2
Kilmainham Gaol (1,2 km)
Basin St. Upr.
Bond St.
Pim St.
Taylor's Ln.
Meath Pl.
Pimlico
Gray St.
Carman's Hall
St. Nicholas of Myra
St. Patrick's Cathedral
25
Lane
Summer St. S.
The Coombe
Dean St.
Patrick St.
Kevin St.
Marrowbone Lane
Ardee St.
Teeling Whiskey Distillery
St. James' Walk
Street
Newmarket
27
New Row S.
Reuben St.
Cork Street
Mill St.
New Street S.
Donore Ave.
Brown St. S.
Blackpitts
0
300 m

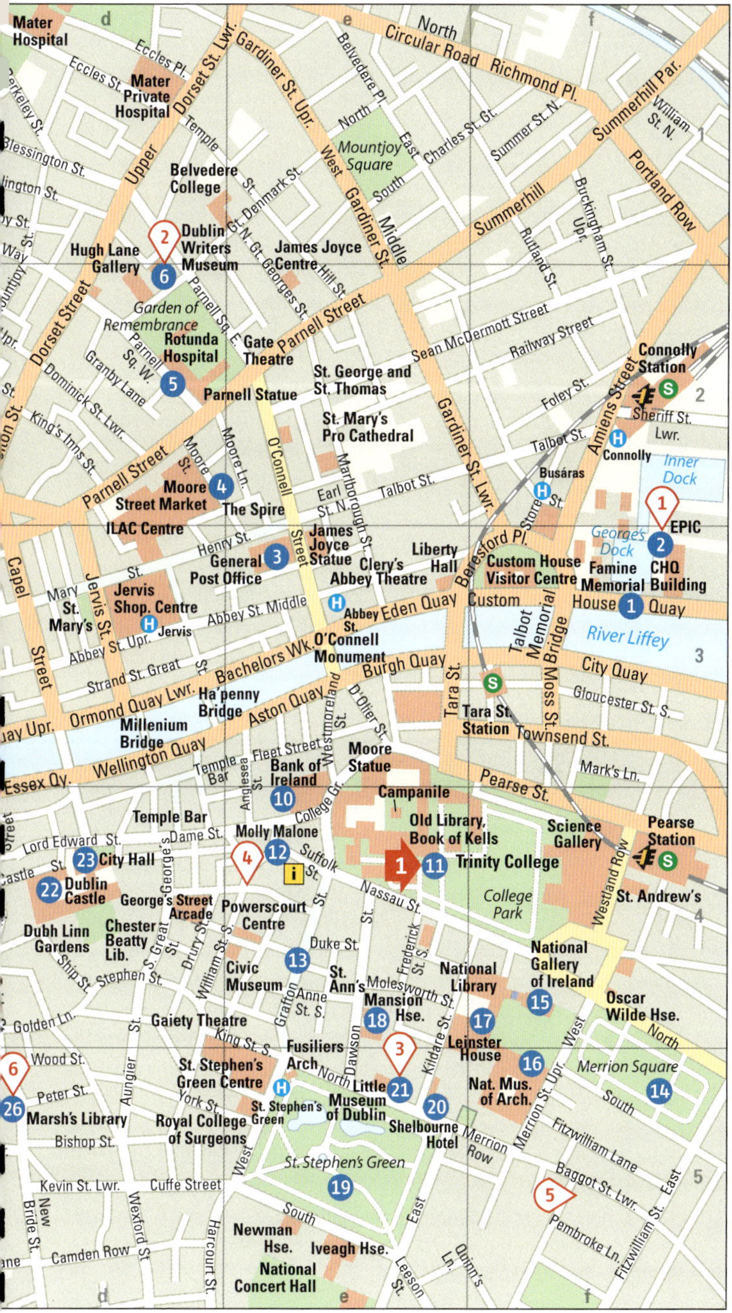
Mater Hospital
Eccles Pl.
Eccles St.
Mater Private Hospital
Berkeley St.
Blessington St.
Upper Dorset St. Lwr.
Temple St.
Belvedere College
Gardiner St. Upr.
Belvedere Pl.
North Circular Road
Richmond Pl.
Summerhill Par.
William St. N.
Portland Row
North
Mountjoy Square
East
Charles St. Gt.
Summer St. N.
West
South
Middle Gardiner St.
Summerhill
Rutland St.
Buckingham St. Upr.
Gt. Denmark St.
N. Gt. Georges St.
Dublin Writers Museum
Hugh Lane Gallery
James Joyce Centre
Hill St.
Garden of Remembrance
Parnell Sq. E.
Parnell Sq. W.
Dorset Street
Dominick St. Lwr.
Granby Lane
Rotunda Hospital
Gate Theatre
Parnell Street
Parnell Statue
St. George and St. Thomas
Sean McDermott Street
Railway Street
Connolly Station
Foley St.
Amiens Street
Sheriff St. Lwr.
Talbot St.
Connolly
Inner Dock
King's Inns St.
Moore St.
Moore Ln.
O'Connell Street
St. Mary's Pro Cathedral
Gardiner St. Lwr.
Busáras
Store St.
Parnell Street
Moore Street Market
The Spire
Earl St. N.
Talbot St.
Marlborough St.
ILAC Centre
Henry St.
General Post Office
James Joyce Statue
Liberty Hall
Beresford Pl.
George's Dock
EPIC
CHQ Building
Custom House Visitor Centre
Famine Memorial
Capel Street
Mary St.
St. Mary's
Jervis St.
Jervis Shop. Centre
Jervis
Abbey St. Middle
Abbey St.
Clery's
Abbey Theatre
Eden Quay
Custom House Quay
Talbot Memorial Bridge
River Liffey
Abbey St. Upr.
Strand St. Great
Bachelors Wk.
O'Connell Monument
Burgh Quay
City Quay
Ormond Quay Lwr.
Ha'penny Bridge
Aston Quay
Westmoreland St.
D'Olier St.
Tara St.
Tara St. Station
Moss St.
Gloucester St. S.
Townsend St.
Quay Upr.
Millenium Bridge
Wellington Quay
Temple Bar
Fleet Street
Bank of Ireland
Moore Statue
Mark's Ln.
Pearse St.
Essex Qy.
Anglesea St.
College Gr.
Campanile
Temple Bar
Dame St.
Molly Malone
Old Library, Book of Kells
Science Gallery
Pearse Station
Lord Edward St.
City Hall
Suffolk St.
Trinity College
Castle St.
Dublin Castle
George's Street Arcade
S. Great George's St.
Nassau St.
College Park
Westland Row
St. Andrew's
Powerscourt Centre
Dubh Linn Gardens
Chester Beatty Lib.
Drury St.
William St. S.
Duke St.
Frederick St. S.
Ship St.
Stephen St.
Civic Museum
Grafton St.
Anne St. S.
St. Ann's
Molesworth St.
Mansion Hse.
National Library
National Gallery of Ireland
Oscar Wilde Hse.
Golden Ln.
Gaiety Theatre
King St. S.
Dawson St.
Kildare St.
Leinster House
Merrion Square North
Wood St.
Aungier St.
St. Stephen's Green Centre
Fusiliers Arch
North
Little Museum of Dublin
Nat. Mus. of Arch.
Merrion St. Upr.
West
Peter St.
York St.
St. Stephen's Green
South
Marsh's Library
Bishop St.
Royal College of Surgeons
West
Shelbourne Hotel
Merrion Row
Fitzwilliam Lane
St. Stephen's Green
Baggot St. Lwr.
East
Kevin St. Lwr.
Cuffe Street
Wexford St.
New Bride St.
Camden Row
Harcourt St.
South
Newman Hse.
Iveagh Hse.
National Concert Hall
East
Leeson St.
Quinn's Ln.
Pembroke Ln.
Fitzwilliam St.

Vom Famine Memorial bis zum Phoenix Park

Rundgang durch die North Side von Dublin

Das Viertel nördlich der Liffey entstand im 18. Jh. Die Prachtstraße der North Side, die O'Connell Street mit der 121 m hohen Skulptur The Spire, galt damals als vornehmste Wohngegend Dublins. Besuchermagneten sind das Dublin Writers Museum, EPIC Ireland, der Moore Street Market und der Phoenix Park, Dublins grüne Lunge.

Sehenswert

1 Famine Memorial

| Mahnmal |

Die sieben Bronzeplastiken, die abgemagerte und verzweifelte Menschen und einen Hund darstellen, wurden 1997 zum Gedenken an die Große Hungersnot errichtet. Die Skulpturen sollen auch daran erinnern, dass am Custom House Pier im Jahr 1846 eine Gruppe von 210 Auswanderern auf dem Viermaster Perseverance nach New York aufbrach. Gegenüber liegt das palastartige Custom House (Zollhaus) aus dem 18. Jh., in dem sich heute das Umweltministerium und die Kommunalverwaltung befinden.

■ Custom House Quay, Höhe Custom House Pier

2 EPIC – The Irish Emigration Museum

| Museum |

1 *Interaktive Zeitreise durch die bewegte Geschichte Irlands*

Das Museum ist der irischen Geschichte seit der Großen Hungersnot gewidmet. Um sicherzustellen, dass Besucher auch keine der 20 interaktiven und multimedialen Stationen auf

Im Blickpunkt

Die Große Hungersnot 1845–1849

Mit über 8 Mio. Menschen war Irland Mitte des 19. Jh. die am dichtesten besiedelte Region Europas. 72 % der Einwohner lebten von der Landwirtschaft. Da das Land aber seit 1541 unter englischer Herrschaft stand und der Boden englischen Großgrundbesitzern gehörte, durften irische Bauern die Felder nur als Pächter bearbeiten. Mit ihrem Getreide und den tierischen Produkten zahlten die Bauern ihre Pacht, sodass ihnen als Hauptnahrungsmittel nur die Kartoffel blieb, von der in Irland zu jener Zeit nur zwei Sorten angebaut wurden. Und genau diese beiden Sorten waren anfällig für den Sporenpilz Phytophthora infestans, der die Kartoffelfäule auslöste. Dem Pilz fielen gleich fünf aufeinanderfolgende Ernten fast vollständig zum Opfer. Trotz der daraus resultierenden Hungersnot exportierten die Engländer weiterhin Weizen und tierische Produkte nach England und in andere europäische Staaten. Der irische Autor John Mitchel brachte es auf den Punkt: »Der Allmächtige sandte die Kartoffelfäule, aber die Engländer schufen die Hungersnot.« In der Zeit von 1845–49 starben 1 Mio. Iren an Hunger und dessen Folgen, 1,5 Mio. wanderten nach Nordamerika und Australien aus.

Gefällt Ihnen das?

Sie interessieren sich für die irische Emigration? Im **Heritage Centre** (S. 113) in Cobh erfahren Sie multimedial nicht nur einiges zur großen Auswanderungswelle ab 1848, sondern auch etwas über die Sträflingstransporte nach Australien.

der spannenden Zeitreise verpassen, bekommen sie an der Kasse einen Pass ausgehändigt, der an jeder Station an einer Maschine abgestempelt wird. In den Stationen geht es um Migration, Hoffnungen und Ängste in der neuen Welt, berühmte Menschen mit irischen Vorfahren (z.B. Che Guevara), irische Musik, Film, Forschung, Kulinarik, Künstler, Designer und vieles andere mehr.

■ CHQ-Building, Custom House Quay, www.epicchq.com, tgl. 10–18.45 Uhr, letzter Einlass 17 Uhr, 14 €, erm. 12 €

3 General Post Office (GPO)

| Historisches Gebäude |

Das Hauptpostamt war der wichtigste Schauplatz des Osteraufstandes von 1916 (S. 44). Am Ostermontag, dem 24. April, besetzten mehrere hundert Mitglieder der Irish Volunteers und der Irish Citizen Army, die sich nach dem Aufstand zur IRA zusammenschlossen, das monumentale Gebäude in der O'Connell Street, machten es zu ihrem Hauptquartier und proklamierten vor dem Gebäude die erste provisorische irische Regierung. Den 1200 Rebellen in den besetzten Gebäuden standen 5000 britische Soldaten gegenüber, die den Aufstand am sechsten Tag niederschlugen. Die 15 Anführer wurden verhaftet und im Mai des selben Jahres im Kilmainham Gaol hingerichtet. Die Sympathie der Bevölkerung schwenkte nun auf die Seite der Republikaner über. An den Aufstand erinnern heute zahlreiche Gemälde in der Schalterhalle der Post sowie das GPO Witness History Visitor Centre im Gebäude.

■ O'Connell St., Mo–Sa 8.30–18 Uhr, Eintritt frei, Witness History Visitor Centre Mo–Fr 9–17.30, Sa, So 10–17.30 Uhr, letzter Einlass 16.30 Uhr, 12 €, erm. 8 €

4 Moore Street Market

| Markt |

Auf dem ältesten Lebensmittelmarkt Dublins bieten Händler an Ständen frisches Obst und Gemüse, Backwaren, Klamotten und allerlei Krimskrams an. Ganz wie in alten Tagen bringen manche Bauern ihre Waren mit der Pferdekutsche und verkaufen sie direkt ab Fuhrwerk. In den letzten Jahren sind Einwanderer aus afrikanischen und arabischen Ländern hinzugestoßen,

ADAC *Mobil*

Öffentlicher Nahverkehr

Mit Dublin Bus und der Straßenbahn LUAS gelangt man schnell von einem Ort zum nächsten. Zu den Vororten fährt die S-Bahn DART (Dublin Area Regional Transport). Die Bus- und Bahnkarten 1, 3 oder 7 Day Short Hop berechtigen zur Nutzung von Dublin Bus und DART. Mit dem 3 Day Freedom Pass (35 €) kann man alle öffentlichen Verkehrsmittel in Dublin drei Tage lang nutzen, inkl. Airlink Express zwischen Flughafen und Zentrum, sowie die Hop-on-Hop-off-Sightseeing-Busse. Busse halten nur auf Zuruf – wedeln Sie sichtbar mit dem Arm!

Im Blickpunkt

James Joyce

»Ich schreibe immer über Dublin, denn wenn ich bis zum Herzen Dublins vordringe, dringe ich zu den Herzen aller Städte dieser Welt vor«, schrieb James Joyce. Besonders in seinem Monumentalwerk »Ulysses« steht die Hauptstadt exemplarisch für alle Städte weltweit. In dem 1922 erschienenen Buch bummelt Romanfigur Leopold Bloom an einem einzigen Tag 1000 Seiten lang durch Dublins Straßen, erlebt dabei aber nichts Aufregendes, sondern nur den banalen Alltag einer Großstadt im Juni 1904. Arno Schmidt nannte Joyces moderne Odyssee das erste Handbuch für Städtebewohner. James Joyce wurde 1882 in Dublin geboren und studierte am University College Englisch, Französisch und Italienisch und war aktives Mitglied der Literary and Historical Society der Universität Dublin. Er verließ die Stadt 1904 zusammen mit seiner Lebensgefährtin Nora Barnacle, da ihn die geistige Enge des damaligen Irland bedrückte. Von 1905 bis 1915 lebte er in Triest, vollendete dort seinen Roman »Dubliners« und begann mit »Ulysses«. Während des Ersten Weltkriegs zog das Paar nach Zürich und lebte ab 1920 in Paris. Nach Irland, mit dem Joyce in einer Art Hassliebe verbunden war, kehrte er nur noch sporadisch zurück. Er starb 1941 in Zürich.

Infos zu James Joyce im Joyce Centre, http://jamesjoyce.ie

die den Markt mit exotischen Leckereien bereichern. Wer hungrig ist, findet hier einen günstigen Mittagssnack.

■ Moore St., Mo–Fr 8–17 Uhr

5 Parnell Square

| Platz |

An der Südseite des georgianischen Prachtplatzes befindet sich seit 1757 das Rotunda Hospital, das zwölf Jahre zuvor von dem irischen Chirurgen Bartholomew Mosse als erste Geburtsklinik Europas gegründet wurde. Hinter der Klinik erblickt man das Gate Theatre, wo Orson Welles 1931 seine ersten Erfolge feierte. An der Nordseite liegen das Dublin Writers Museum und der Garden of Remembrance, der zum Gedenken »an alle diejenigen, die ihr Leben für die Sache der irischen Freiheit gaben« angelegt wurde. Der Garten wurde 1966 zum 50. Jahrestag des Osteraufstands eröffnet.

6 Dublin Writers Museum

| Museum |

2 *300 Jahre irische Literaturgeschichte*

Die Iren sprechen von Dublin als der Stadt der trinkenden Dichter. Inspirationen in den Pubs der Hauptstadt holten sich u.a. Jonathan Swift (»Gullivers Reisen«), Bram Stoker, der Erfinder von Dracula, Oscar Wilde, George Bernard Shaw, William Butler Yeats, James Joyce und Samuel Beckett. Seinen vielen Literaten hat die Stadt 1991 ein eigenes Museum gewidmet. Dublin erhielt als vierte Stadt weltweit 2011 die Auszeichnung UNESCO City of Literature. Das Museum vermittelt auf zwei Etagen eine Übersicht über die Geschichte der irischen Literatur und informiert über Leben und Wirken verschiedener Schriftsteller. Zu den

Für Literaturfans ein absolutes Muss: der Besuch des Dublin Writers Museum

Exponaten gehören kostbare Erstausgaben, Manuskripte und persönliche Gegenstände wie die Schreibmaschine des Dramatikers Brendan Behan. In der Gallery of Writers im zweiten Stock dominieren Porträts und Büsten der Literaten.

■ 18 North Parnell Sq., Tel. 01/872 20 77, Mo–Sa 10–17, So 11–17 Uhr, 7,50 €, Kinder 4,70 €

7 Glasnevin Cemetery

| Friedhof |

Der 50 ha große Friedhof wurde auf Initiative von Daniel O'Connell als letzte Ruhestätte für irische Katholiken errichtet. Seit seiner Eröffnung 1831 wurden hier 1,5 Mio. Menschen begraben – mehr, als Dublin heute Einwohner hat. Hier befinden sich die Gräber vieler bedeutender Iren, darunter zahlreiche Revolutionäre, Künstler, Schriftsteller und Politiker. Wahrzeichen und größtes Grab ist das von Daniel O'Connell, der unter der Nachbildung eines historischen Rundturms begraben ist. Als der Politiker 1847 mit 71 Jahren während einer Italienreise an einem Herzinfarkt starb, erfüllte man ihm seinen letzten Wunsch, der unter dem Turm eingraviert ist: »Mein Körper nach Irland, mein Herz nach Rom, meine Seele in den Himmel«. Sein Herz wurde herausgeschnitten und zum Irish College nach Rom geschickt. Im Friedhofsmuseum hat er eine eigene Galerie. Das meistbesuchte Grab aber ist das von Michael Collins (S. 74). »Um zum Helden zu werden, musst du fünf Eigenschaften haben: Du musst jung, gutaussehend, intelligent und charismatisch sein und tot«, erzählt einer der Glasnevin Tourguides vor Collins' Grab bei der Führung, die sich auf jeden Fall lohnt.

■ Finglas Rd., Dublin 11, Bus Nr. 40, 140, www.glasnevinmuseum.ie, tgl. 10–18 Uhr, im Winter bis 17 Uhr, Tour: 13 €, erm. 10 €

Plan S.68/69

Im Blickpunkt

Michael Collins, tragischer Held

Michael Collins (1890–1922) trat 1909 der Irish Republican Brotherhood (IRB) bei und nahm 1916 am Osteraufstand im General Post Office teil. Nach seiner Entlassung aus dem Gefängnis schloss er sich der Sinn Féin an. Als Ende 1918 Wahlen zum britischen Unterhaus anstanden, kandidierte Collins für einen Sitz und wurde tatsächlich gewählt. Sinn Féin hatte 73 von 105 irischen Sitzen errungen. Da es nicht die Absicht gab, die Sitze im Unterhaus anzunehmen, trafen sich die Gewählten im Januar 1919 im Mansion House, konstituierten das erste irische Parlament und riefen die Irische Republik aus. Im Sommer 1919 wurde Collins zum Präsidenten der IRB gewählt, im September zum Geheimdienstchef der Irish Republican Army (IRA), die sich als Armee der neu gegründeten Republik verstand. Als ehemaliger Bankangestellter wurde Collins Finanzminister der provisorischen Regierung mit der Hauptaufgabe, Gelder für den Unabhängigkeitskampf zu beschaffen. Da er ständig Gefahr lief, verhaftet zu werden, musste er aus dem Untergrund heraus agieren.
1921 kam es zu einem Waffenstillstand zwischen irischer und britischer Seite. Collins reiste zu Gesprächen nach London, wo es am 6. Dezember 1921 zur Unterzeichnung des Anglo-Irischen Vertrags kam, der einen irischen Freistaat vorsah. Collins hatte damit sein Todesurteil unterschrieben. Die sechs nordirischen Counties traten umgehend aus dem Freistaat aus, die Grenze zu Nordirland wurde gezogen. Es war ein Kompromiss, dem Collins zugestimmt hatte – die IRA war geschwächt und hätte den Widerstand gegen die Briten nicht auf Dauer aufrechterhalten können. Collins wurde am 22. August 1922 von IRA-Vertragsgegnern erschossen, sein Leben 1996 mit Liam Neeson verfilmt.

8 Phoenix Park

| Park |

Der 800 ha große Park im Westen der North Side wurde im 17. Jh. als Jagdrevier des englischen Gouverneurs von einer 11 km langen Mauer umschlossen. Seit Jahrhunderten bevölkert ein Rudel von frei laufendem Damwild den Park. In der Mitte des Parks steht ein 35 m hohes Kreuz, das 1979 für den Besuch von Papst Johannes Paul II. errichtet wurde. Er hielt vor dem Kreuz eine Messe, die von über 1 Mio. Menschen besucht wurde. Nicht weit davon entfernt erhebt sich der auffällige, zu Ehren des Herzogs von Wellington errichtete, rund 63 m hohe Obelisk. Im Park befindet sich auch die Residenz des irischen Präsidenten.

■ Phoenix Park, Dublin 8, Bus Nr. 25, 26, 46A, 66, 66A, 66B, 67 und 69, www.phoenixpark.ie

9 Dublin Zoo

| Zoo |

In der Südostecke des Phoenix Parks ist der Dublin Zoo beheimatet. Der 1919 im Zoo geborene Löwe Slats brachte es sogar zu Ruhm. Von 1924 bis 1928 war er das Logo »Leo the Lion« der Metro-Goldwyn-Mayer Studios (MGM) in Hollywood. Slats war der erste Löwe, der für die MGM als Logo fungierte. Anders als seine Nachfolger brüllte er zu Beginn eines MGM-Films allerdings nicht – es war die Zeit des Stummfilms.

■ www.dublinzoo.ie, März–Sept. tgl. 9.30–18 Uhr, sonst kürzer, 18 €, Kinder 13,20 €

Restaurants

€ | **Soup Dragon** Das kleine Restaurant serviert Frühstück, mittags stehen bis zu zwölf verschiedene Suppen (auch vegane) zur Auswahl. Zudem stehen belegte Bagels, Sandwiches und Salate auf der Karte. ■ 168 Capel St. North, Dublin 1, Tel. 01/8723277, www.soupdragon.com, Mo–Fr 8–17 Uhr, Plan S. 68/69 d3

Einkaufen

Arnotts Das größte und älteste Kaufhaus Dublins (gegr. 1843) bietet auf mehreren Stockwerken Mode für Damen, Herren und Kinder, Schuhe, Kosmetik, Haushaltswaren, Möbel und Geschenkartikel. ■ 12 Henry St., Dublin 1, www.arnotts.ie, Plan S. 68/69 d3

Kneipen, Bars und Clubs

John Mulligan's Das 1782 eröffnete Mulligan's ist eine Institution. Die Kneipe steht im Ruf, das beste Guinness (außerhalb der Brauerei selbst) auszuschenken. Hier wurden Szenen des Films »Mein linker Fuß« mit Daniel Day-Lewis gedreht. ■ 8 Poolberg St., Dublin 2, Tel. 01/6775582, www.mulligans.ie, Mo–Sa ab 10.30, So ab 12.30 Uhr, Plan S. 68/69 e3

ADAC *Mittendrin*

Im Smithfield Village liegt **The Cobblestone,** Tom Mulligans traditioneller Irish Music Pub. Die urige Kneipe unterscheidet sich von denen im Temple Bar District, denn hier tummeln sich kaum Touristen. Die Mulligans spielen hier seit fünf Generationen. Ab und zu kommen bekannte irische Musiker zu spontanen Sessions vorbei.

77 King St. North, Smithfield, Tel. 01/8721799, www.cobblestonepub.ie, Musiksessions Mo ab 19, Di–Fr ab 17, Sa ab 14 Uhr (open end), Plan S. 68/69 b2/c3

Kinder

Viking Splash Das begeistert die Kleinen: eine Stadtrundfahrt in einem Amphibienfahrzeug, das sogar ins Kanalbecken hineinfährt! ■ Abfahrt: St. Stephen's Green North, Tel. 01/707 60 00, www.vikingsplash.ie, 25 €, Kinder 12–17 €, im Juli/Aug. teurer, Plan S. 68/69 e5

Erlebnisse

Hop on – Hop off Dublin Bus Tour Klassische Bustour mit 33 Stationen, Mi, Fr, Sa 9.30, 12 u. 15.30 Uhr auf Deutsch 20 €, Kinder 8 €, mit Dublin Pass frei, die Onlinebuchung ist billiger. ■ Tel. 01/703 30 28, www.dublinsightseeing.ie

Historical Walking Tours Zweistündige Stadtrundgänge zu den historischen Sehenswürdigkeiten Dublins. ■ Tel. 087/688 94 12 oder 087/830 35 23, www.historicaltours.ie, Mai–Sept. tgl. 11 und 15, April und Okt. tgl. 11, Nov.–März Fr–So 11 Uhr, 12 €, Kinder unter 14 J. frei

ADAC *Spartipp*

Dublin Pass
Die kleine grüne Karte bietet eine kostenlose Hop-on–Hop off-Stadtrundfahrt, freien Eintritt zu 25 Sehenswürdigkeiten, kostenlosen Flughafentransfer und Discounts in einigen Restaurants. Erhältlich beim Discover Ireland Centre am Flughafen, in der Upper O'Connell St. 14 sowie bei Visit Dublin in der Suffolk St. 25. Preis: 1 Tag 59 € (Kinder 29 €), 2 Tage 77 € (34 €), 3 Tage 94 € (44 €). Der Pass lohnt sich, Einzeleintritte und eine Stadtrundfahrt sind insgesamt gesehen deutlich teurer.
www.dublinpass.com

Von der Bank of Ireland bis zum Little Museum

Ein Rundgang durch die South Side von Dublin

Auf der Südseite befinden sich die geschichtsträchtigsten Gebäude und Plätze der Stadt, zumal rund um Dublin Castle die Wurzeln der irischen Hauptstadt liegen. Idealer Ausgangspunkt für den Rundgang ist die Bank of Ireland.

Sehenswert

10 Bank of Ireland

| Architektur |

Über dem Mittelgiebel des imposanten Baus thronen drei Statuen: Hibernia, die Personifikation Irlands, die Allegorien der Treue und des Handels, über der Ostfassade die Allegorien der Weisheit, Gerechtigkeit und Freiheit. In dem Gebäude tagte bis Ende 1800 das irische Parlament. Als sich dieses mit dem Act of Union auflöste, wurde das Gebäude an die Bank of Ireland verkauft. Allerdings mit der Maßgabe, den Komplex so umzubauen, dass er als Diskussionsforum nicht mehr zu gebrauchen wäre. Wo einst im House of Commons (Unterhaus) debattiert wurde, ist heute die Schalterhalle.

■ College Green, Führung nur Di 10.30 Uhr, Eintritt frei

11 Trinity College

| Universität |

1 *Tempel der Wissenschaften, der das Book of Kells beherbergt*

Das Trinity College der University of Dublin wurde 1592 als erste irische Universität von Elizabeth I. gegründet – allerdings nicht für die Iren, sondern für die protestantischen Engländer. Katholiken wurden erst ab 1793

Zahlreiche berühmte Literaten haben einst am Trinity College studiert

aufgenommen und bis 1966 nur mit einer Ausnahmegenehmigung ihres Bischofs. Frauen wurden ab dem Jahr 1903 zum Studium zugelassen. Zu den berühmtesten Absolventen zählen Samuel Beckett, Jonathan Smith, Oliver Goldsmith, Oscar Wilde und Bram Stoker. Die ältesten Gebäude der Universität existieren nicht mehr, der heutige Gebäudekomplex stammt aus dem 17. und 18. Jh. Der Haupteingang gegenüber der Bank of Ireland führt auf den Front Square. Auf dem daneben liegenden Library Square steht der Campanile. Der Turm aus dem Jahr 1853 markiert die Stelle, an der einst eine Klosteranlage stand. Auf der Südseite des Platzes befindet sich die Old Library mit einem Bestand von über 3 Mio. Bänden. Hauptlesesaal und Besucherattraktion ist der Long Room, der mit 65 m Länge und über 12 m Breite die größte Einraumbibliothek Europas ist. Hier werden 200 000 der wertvollsten Werke aufbewahrt. Größter Schatz der Bibliothek ist das Book of Kells, das um das Jahr 800 entstanden ist und die lateinische Version der vier Evangelien enthält. Seine Einzigartigkeit besteht in der fantasiereichen und filigranen Gestaltung, dem Flechtwerk der Ornamente und den zahlreichen Illustrationen in leuchtenden Farben. Wissenschaftler gehen davon aus, dass das Buch, das in seinem jetzigen Zustand aus 340 aus Kalbshaut hergestellten Pergamentblättern besteht, ein Werk der Iona-Gemeinschaft ist und entweder auf der schottischen Insel Iona oder in Kells bzw. an beiden Orten angefertigt wurde. Kells im County Meath wurde zum Zufluchtsort der Anhänger des hl. Columban, nachdem diese im Jahr 806 vor den Wikingern von Iona geflohen waren.

■ Trinity College, College Green, Dublin 2, www.bookofkells.ie, Mai–Sept. Mo–Sa 8.30–17, So 9.30–17, Okt.–April Mo–Sa 9.30–17, So 12–16.30 Uhr, letzter Einlass 30 Min. vor Schließung, 13 €, erm. 11 €, Fam. (2 Erw./2 Kinder) 28 €

12 Molly Malone

| Statue |

Vor der St. Andrew's Church in der Suffolk Street steht die berühmte Statue der Molly Malone, der Fischverkäuferin aus dem gleichnamigen Lied, das 1883 von dem Schotten James Yorkston geschrieben wurde und mit den Worten beginnt: »In Dublin's fair city, where the girls are so pretty, I first set my eyes on Molly Malone«. Ob die Molly Malone aus dem Lied tatsächlich existierte, ist unbekannt. Die Dublin Millennium Commission entschied 1988, dass eine gewisse Molly Malone, die am 13. Juni 1699 jung starb, eben jene sein sollte und bestimmte den 13. Juni zum Molly Malone Day. Das Lied ist die inoffizielle Hymne Dublins. Die Statue mit dem Fischkarren stand bis 2014 am Beginn der Grafton Street und wurde im Zuge von Straßenarbeiten verlegt. Irgendwann soll sie wieder an ihrem ursprünglichen Platz stehen.

13 Grafton Street

| Einkaufsmeile |

Irlands weltberühmte Einkaufsmeile, im 18. Jh. noble Wohngegend, ist Fußgängerzone und Haupteinkaufsstraße der Metropole. Hier reiht sich ein Laden an den anderen, ein Restaurant und Café ans nächste – es gibt fast nichts, was man hier nicht findet. Exklusivste Adresse ist das 1848 eröffnete Kaufhaus Brown Thomas (Nr. 88–95) mit zahlreichen Designerläden. Ein Wahrzeichen der Straße ist das alteingesessene Bewley's, das Ende 2017 nach fast dreijähriger Renovierung als Bewley's Grafton Street Café mit 500 Sitzplätzen wiedereröffnete. Während des Bummels in der Grafton Street sorgen Straßenmusiker für Unterhaltung. Tatsächlich ist die Straße »Startrampe« für viele Musiker – wer hier spielt, schafft es nicht selten in die Charts. Bono von U2 stand auch mal hier.

ADAC *Mittendrin*

Theaterbegeisterte Dubliner, die rund um die Grafton Street arbeiten, verbringen ihre Mittagspause gern bei einem Theaterstück. Das **Bewley's Café Theatre** befindet sich im 2. Stock des Bewley's, Grafton St. 78/79, und zeigt täglich von 13–14 Uhr unterhaltsame Stücke. Dazu gibt's ein Menü. Man sollte zwei Tage vorher reservieren.
Tel. 01/868 78 40 01, www.bewleyscafetheatre.com, tgl. 7–21 Uhr, Plan S. 68/69 e4

14 Merrion Square

| Platz |

Der 1764 angelegte Platz ist von Häusern im georgianischen Stil mit den für Dublin typischen bunt gestrichenen Türen umrahmt. In Haus Nr. 1 verbrachte Oscar Wilde seine Kindheit. Die Statue des exzentrischen Schriftstellers liegt lässig mit angewinkeltem Bein auf einem Granitfelsen im Park gegenüber. In Nr. 58 wohnte Daniel O'Connell, in Nr. 70 der Gruselautor Joseph Sheridan Le Fanu, in Nr. 80 der Dichter und Maler George William Russell, und in Nr. 82 residierte William Butler Yeats. An der Westseite des Platzes befinden sich die National Gallery, zwei Gebäude des National Museum of Ireland, die National Library und das Leinster House, in dem das Parlament tagt.

15 National Gallery of Ireland

| Museum |

Die Sammlung des 1864 eröffneten Kunstmuseums umfasst 15 000 Werke,

Schlitze, Klötze, Schachtelmauerwerk – der Millenium-Flügel der National Gallery

darunter italienische (Tizian, Caravaggio, Tintoretto), flämische/holländische (Rembrandt, Vermeer), britische und irische sowie französische und spanische (El Greco, Velázquez) Malerei. Absolut sehenswert ist die Yeats Collection mit Werken von Jack B. Yeats, dem Bruder des Literaturnobelpreisträgers. in Raum 14.

■ Merrion Sq., www.nationalgallery.ie, Mo–Sa 9.15–17.30, Do bis 20.30, So 11–17.30 Uhr, Eintritt frei

16 Natural History Museum und Archaeology Museum

| Museen |

Bei der Eröffnung des Museums 1857 hielt der Afrikaforscher David Livingstone die Einweihungsrede. Besucher lernen hier in erster Linie die irische Tierwelt kennen, aber auch Raubkatzen wie Tiger und Leoparden sind ausgestellt. Hauptattraktion ist das Skelett eines vor ca. 10 000 Jahren ausgestorbenen Riesenhirschs. Neben dem Gebäude befindet sich in der Kildare Street das Archeology Museum, das wie das Natural History Museum zum National Museum of Ireland gehört. Hier wird die Vergangenheit Irlands anhand von Exponaten aus sieben Jahrtausenden dokumentiert, darunter auch eisenzeitliche Moorleichen.

■ Merrion St. Upper, Dublin 2, www.museum.ie. Beide Museen: Di–Sa 10–17, So 14–17 Uhr, Eintritt frei

17 Leinster House

| Regierungsgebäude |

In dem Gebäude, das 1745 als Palais für den Earl of Kildare errichtet wurde, tagen nach einem Umbau seit 1925 die beiden Kammern des Parlaments. Nebenan befinden sich die Government Buildings, die 1904–11 als Universitätsgebäude erbaut wurden und in denen heute das Büro des Premierministers, das Finanzministerium, die Ratskammer sowie das Büro des Generalstaatsanwalts untergebracht sind. In einem Flügel des Leinster

Wie geschaffen für ein kleines Päuschen beim Stadtrundgang – St. Stephen's Green

House befindet sich die National Library, die allerdings nicht mit dem Regierungskomplex verbunden ist. Hier werden Kopien aller in Irland erschienenen Bücher aufbewahrt. Besucher können die Bibliothek zwar nur mit einem Leseausweis nutzen, zum Lesesaal, in dem James Joyce viele Stunden verbrachte, hat man jedoch freien Zugang.

■ Kildare St., Dublin 2, www.oireachtas.ie/parliament. Kostenlose Führungen finden Mo–Fr um 10.30, 11.30, 14.30 und 15.30 Uhr statt, Dauer 20 Min. Personalausweis/Pass notwendig. Bitte Führung vorab buchen: Tel. 01/618 32 71 oder event.desk@oireachtas.ie

18 Mansion House

| Architektur |

Das Gebäude ist seit 1715 offizieller Wohnsitz des Dubliner Lord Mayor. In dem Haus mit den sechs korinthischen Säulen tagte von 1919–22 das revolutionäre Einkammer-Parlament Daíl Éireann der unabhängigen Irischen Republik, das von Parlamentariern der Sinn Féin gebildet wurde. Diese wurden 1918 erstmals ins britische Unterhaus gewählt, verweigerten dem Parlament in Westminster jedoch ihre Anerkennung und beschlossen, ein unabhängiges Parlament in der irischen Hauptstadt zu errichten. Im »Round Room« des Hauses fand am 21. Januar 1919 die erste Versammlung des irischen Parlaments statt, bei der offiziell die Unabhängigkeitserklärung Irlands verkündet wurde. Mit der Schaffung des Irischen Freistaates 1922 wurde das nationale Parlament Oireachtas geschaffen – das Daíl Éireann wurde zum Unterhaus. Berühmtester Bewohner des Hauses war Daniel O'Connell, der erste katholische Oberbürgermeister Dublins.

■ Dawson St., Dublin 2, www.dublincity.ie. Das Haus kann nur von außen besichtigt werden

19 St. Stephen's Green

| Park |

Der Park wurde 1880 im Auftrag von Biermogul und Philanthrop Lord Ardilaun (Sir Arthur Edward Guinness) angelegt. Auf der 90 000 m² großen Grünfläche mit 750 Bäumen befinden sich verstreut zahlreiche Bänke, Blumenbeete, ein Teich mit Enten und Schwänen, Springbrunnen, Musikpavillons, großzügige Rasenflächen, die zum Picknicken einladen, und jede Menge Statuen und Büsten, darunter James Joyce, Robert Emmett, ein Denkmal für die Opfer der Großen Hungersnot und die Skulpturengruppe »The Three Fates«, die Deutschland in den 1950er-Jahren Irland zur Erinnerung an die Operation Shamrock schenkte. Bei der humanitären Hilfsaktion des Irischen Roten Kreuzes wurden nach dem Zweiten Weltkrieg über 1000 deutsche und österreichische Waisenkinder in irischen Gastfamilien untergebracht und so vor einem möglichen Hungertod bewahrt. Während des Osteraufstands 1916 besetzten Mitglieder der Irish Citizen Army unter der Führung von Countess Constance Markievicz und Michael Mallin den Park. Mallin war einer der Anführer, die nach dem Aufstand im Kilmainham Gaol hingerichtet wurden. Eine Büste der revolutionären Gräfin steht im Zentrum des Parks. An der Nordwestecke erhebt sich der einem römischen Triumphbogen nachempfundene Fusilier's Arch, der an die irischen Gefallenen des Burenkrieges (1899–1902) erinnert. Rund um den Park stehen Häuser, die man zwar nicht besichtigen kann, aber ein Blick darauf lohnt sich allemal. Das Iveagh House auf der Südseite des Parks (Nr. 80/81) war von 1862–1939 das Stadtpalais der Guinness-Familie. Der Enkel von Benjamin Guinness, der 2nd Earl of Iveagh, stiftete das Palais dem irischen Staat, der es in Iveagh House umbenannte. Heute ist das Haus Sitz des Außenministeriums. Im Newman House in Nr. 85/86 befand sich einst das katholische University College Dublin, an dem James Joyce studierte. Haus Nummer 123 gehört dem altehrwürdigen Royal College of Surgeons in Ireland, seit 1784 die erste Ausbildungsstätte für Irlands Chirurgen.

ADAC *Spartipp*

Der Eintritt in die folgenden Museen Dublins ist frei: National Gallery (S. 78), National History Museum (S. 79), Archeology Museum (S. 79) und Irish Museum of Modern Art (S. 88).

20 Shelbourne Hotel

| Architektur |

In den Tagen des Osteraufstands wurden in den Räumlichkeiten des Nobelhotels verwundete Rebellen versorgt. Während des Bürgerkriegs war das Shelbourne Heimstatt der neuen Armee Irlands, und am 24. Januar 1922 wurde hier das von Sinn-Féin-Gründer Arthur Griffith und Michael Collins initiierte erste Treffen des Constitution Committee abgehalten. Von Februar bis Mai 1922 arbeitete das Komitee unter Vorsitz von Michael Collins in Zimmer 112 (heute Constitution Suite) die irische Verfassung aus. Das Hotel wurde 1824 vom wohlhabenden Martin

Burke aus Tipperary gegründet, und damit es nobel klang, benannte er es nach dem 2nd Earl of Shelburne und setzte vor das u ein o. Innerhalb eines Jahres war das Shelbourne beliebter Treffpunkt der Irish Upper Class. Nach dem Tod Burkes 1865 verkauften seine Erben das Hotel, das vergrößert und 1867 neu eröffnet wurde. Seit 2004 gehört das 5-Sterne-Hotel zur Marriott-Gruppe. Auch wer nicht hier übernachtet, sollte sich das Museum in der Lobby anschauen, wo eine Kopie des Entwurfs der ersten irischen Verfassung ausgestellt ist. Der Eintritt ist frei.
■ 27 St. Stephen's Green, Dublin 2, Tel. 01/663 45 00, www.marriott.com

21 Little Museum of Dublin
| Museum |

3 *Das originellste Museum der Stadt – Geschichte zum Anfassen*

»Dublin's best museum experience«, so die Irish Times. In dem 2011 eröffneten Museum lernen Besucher einiges über die jüngste Geschichte Irlands – vom Osteraufstand bis hin zum Aufstieg der Band U2. 5000 Artefakte und humorvolle Anekdoten der Guides machen die Tour durch das kleine Museum zu einem einzigartigen Erlebnis.
■ 27 St. Stephen's Green, Dublin 2, www.littlemuseum.ie, tgl. 9.30–17, letzte Tour 16, Do 19 Uhr, 10 €, Fam. 20 €

Restaurants

4 **€€ | Cornucopia** Das preisgekrönte, älteste vegetarische Restaurant Dublins. Gemütliches Ambiente auf zwei Stockwerken, moderate Preise. Do, Fr von 19.30–21.30 Uhr Live-Musik mit Harfe und Gitarre. ■ 19-20 Wicklow St., Dublin 2, Tel. 01/677 75 83, www.cornucopia.ie, Mo 8.30–21, Di–Sa 8.30–22, So 12-21 Uhr, Plan S. 68/69 e4

€€ | Fallon & Byrne Das Restaurant mit leckerem Menü zu moderaten Preisen befindet sich über der Food Hall. Ob irische Küche, Seafood, italienische Pasta oder vegan – hier ist

Klein, aber oho: Das Little Museum of Dublin präsentiert Geschichtliches mal anders

für jeden Geschmack etwas dabei. ■ 11–17 Exchequer St., Dublin 2, Tel. 01/472 10 10, www.fallonandbyrne.com, tgl. 12–15,17.30–21, Mi, Do bis 22, Fr, Sa bis 23 Uhr, Plan S. 68/69 d4

€€ | La Ruelle In der Weinbar mit französischem Flair gibt es nicht nur Wein, sondern auch die Küche Frankreichs (veg. Optionen möglich) – und das Ganze gar nicht mal so teuer. Hauptgerichte werden auch als kleine Portion angeboten. ■ 3-4 Joshua Ln., Dawson St./gegenüber Mansion House, Dublin 2, Tel. 01/679 95 44, www.laruelle.ie, Mi–Sa 17–24 Uhr, Plan S. 68/69 e5

€€ | Library Bar Wenn man durch die Tür der stilvollen Bar im ersten Stock des Central Hotel tritt, fühlt man sich beim Anblick der schweren roten Sofas und Sessel, Kronleuchter, Bücherregale und offenen Kamine in vergangene Zeiten zurückversetzt. Ob Brunch, Mittag- und Abendessen oder eine Tasse Tee – Erholung vom Pflastertreten ist garantiert! ■ Central Hotel, 1-5 Exchequer St., Dublin 2, Tel. 01/679 73 02, www.centralhoteldublin.com, Mo–Sa 10–23, So 12–23 Uhr, Plan S. 68/69 d4

€€ | Mamma Mia Pasta, Pizza und mehr. Traditionelle italienische Küche im Souterrain eines alten Backsteingebäudes mit Blick auf St. Stephens Green. ■ 10 St. Stephens Green, Dublin 2, Tel. 01/675 36 88, http://10ststephens.ie/mamma-mia, Di–So ab 12 Uhr, Plan S. 68/69 e5

5 **€€–€€€ | Matt The Thresher** Fangfrisches Seafood aus irischen Häfen vom Feinsten in schönem Ambiente. Michelle Obama und ihre Töchter waren auch mal hier! ■ 31-32 Lower Pembroke Street, Dublin 2, Tel. 01/676 29 80, http://mattthethresher.ie, Mo–Fr 10–21.45, Sa 12–21.45, So 12.30–20.30 Uhr, Plan S. 68/69 e4

Der McDaid's Pub – eine Dubliner Institution für Guinness und Co.

Einkaufen

Brown Thomas Im Nobelkaufhaus mit elegantem Türsteher findet man so ziemlich alles an internationalen Marken und Designern. Auch wenn man nichts kauft, wird man freundlich beraten. ■ 88-95 Grafton St., Dublin 2, www.brownthomas.com, Plan S. 68/69 e4

Powerscourt Townhouse Centre In der einstigen Stadtresidenz von Lord Powerscourt gruppieren sich um einen glasüberdachten Innenhof gleich auf mehreren Ebenen Galerien, Boutiquen, Antiquitäten- und Kunstgewerbeläden. Dazu gesellen sich diverse Cafés und Restaurants. ■ 59 William St. South, Dublin 2, www.powerscourtcentre.ie, Plan S. 68/69 e4

Im Blickpunkt

Guinness, das Nationalgetränk der Iren

Arthur Guinness (1725–1803), der mit seinem Bruder eine kleine Bierbrauerei im County Kildare betrieb, kam 1759 nach Dublin und pachtete eine stillgelegte Brauerei am St. James's Gate für die Dauer von 9000 Jahren. Der Pachtvertrag ist im Eingangsbereich des Guinness Storehouse im Boden eingelassen. Knapp 20 Jahre später begann Guinness Porter zu brauen, eine dunkle Biersorte, die geröstete Gerste enthielt. Das Bier war innerhalb kurzer Zeit im ganzen Land so beliebt, dass sich auch andere Brauer auf Porter verlegten. Das gefiel Guinness nicht. Er braute nun eine Sorte, der er stark gerösteten Hopfen beimischte, der dem Bier seine unverwechselbar bittere Note verlieh, und nannte es »extra stout porter«. Das Guinness war geboren – zunächst trat das schwarze Gebräu mit der cremigen Schaumkrone seinen Siegeszug allerdings unter dem Namen »stout« (Starkbier) an. Als Guinness 1886 an die Börse ging, war die Brauerei die weltweit größte Porter- und Stout-Brauerei. Bis heute führen die Nachkommen von Arthur Guinness die Guinness-Dynastie fort. Täglich werden in der Fabrik am St. James's Gate über 2,5 Mio. Pints produziert, die in Irland und in mehr als 120 anderen Ländern verkauft werden. Guinness ist eine der größten Brauereien Europas.

Kneipen, Bars und Clubs

McDaid's Einer der traditionsreichsten Pubs der Stadt. Ein Großteil des Interieurs der berühmten Literatenkneipe stammt noch aus den Anfangstagen im Jahr 1873. Den Autor Brendan Behan zog es fast täglich zum Trinken und Schreiben ins McDaid's. ■ 3 Harry St., Dublin 2, Plan S. 68/69 e4

Erlebnisse

Dublin Literary Pub Crawl Der Schnellkurs zur irischen Literatur führt zu den Lieblingspubs von James Joyce, Samuel Beckett, Brendan Behan und zahlreichen anderen irischen Schriftstellern. ■ Tel. 01/6705602, www.dublinpubcrawl.com, April–Okt. tgl. 19.30, Nov.–März Do–So 19.30 Uhr

Vom Temple Bar District zum Kilmainham Gaol

Ein Spaziergang in den Westen von Dublin (South Side)

Temple Bar, das Stadtviertel mit den engen, kopfsteingepflasterten Gassen, ist das Szeneviertel Dublins und ein guter Ausgangspunkt für die Stadtbesichtigung. Ateliers reihen sich an Kunstgalerien, Pubs und Nachtclubs an Restaurants und Bistrots, und dazwischen befinden sich Kulturinstitutionen wie das Irish Film Centre oder das Temple Bar Music Centre. Beliebtes Fotomotiv ist der knallrot angestrichene Pub The Temple Bar aus dem Jahr 1840, wo täglich traditionelle Irish Music Sessions stattfinden. Irische Pubs sind für ihre gesellige Atmosphäre bekannt. »Es gibt hier keine Fremde, nur Freunde, die man noch nicht getroffen hat«, so William Butler Yeats.

Eine legendäre Adresse: das Pub The Temple Bar im gleichnamigen Kneipenviertel

In der Harry Street steht vor der Bruxelles Bar eine Statue des viel zu früh verstorbenen Rockmusikers Phil Lynott, Frontmann von Thin Lizzy, die mit »Whiskey in the Jar« ihren größten Hit hatten. Am Wellington Quay erhebt sich das im Art-déco-Stil errichtete Clarence Hotel. Bono von der Gruppe U2 und sein Leadgitarrist »The Edge« kauften das 2-Sterne Haus 1992, ließen es umbauen und eröffneten es vier Jahre später als 5-Sterne Hotel – heute hat es einen Stern weniger.

Sehenswert

22 Dublin Castle und Chester Beatty Library

| Museum |

Das 1204 erbaute Schloss wurde im Laufe der Jahrhunderte mehrmals umgebaut, sodass es heute einen Mischmasch aus architektonischen Stilen aufweist. Aus dem 13. Jh. erhalten sind nur noch Teile der Ringmauer und der runde Record Tower. Über 700 Jahre lang war Dublin Castle Sitz der britischen Verwaltung, das Symbol für die Macht der Briten in Irland. Seine Eroberung war das Ziel fast jeder Rebellion gegen die Engländer – von Erfolg gekrönt war keine. Nach der Teilung des Landes 1921 wurde es dem irischen Staat übergeben. Heute beherbergt der Gebäudekomplex neben Regierungsbüros die Chester Beatty Library of Oriental Art und das Garda Museum (Polizeimuseum), das im Record Tower mehr als 200 Jahre Polizeigeschichte dokumentiert. Die 6000 Artefakte umfassende Kunstsammlung des 1968 verstorbenen amerikanischen Industriellen Alfred Chester Beatty enthält antike und mittelalterliche Handschriften, Bücher, Drucke und Kunstgegenstände, die hauptsächlich aus dem

Ein buntes Stilgemisch prägt Dublin Castle, in dem heute Museen ihren Sitz haben

Mittleren und Fernen Osten stammen. Der passionierte New Yorker Sammler, der seit 1911 in London lebte, zog 1950 nach Dublin, wurde Ehrenbürger und erhielt als einer der wenigen Privatpersonen in der irischen Geschichte ein Staatsbegräbnis. Eine seiner alten Funktionen hat das Dublin Castle behalten – nach wie vor finden in den Sälen offizielle Empfänge statt.

■ Dame St., Dublin 2, www.dublincastle.ie, tgl. 9.45–17.45, letzter Einlass 17.15 Uhr, 7 €, erm. 6 €, Chester Beatty Library Eintritt frei

23 City Hall

| Museum |

Das von einer Kuppel gekrönte Rathaus wurde von der Dubliner Kaufmannsgilde 1769–79 als Royal Exchange errichtet. 1852 zog der Dublin City Council ein, aus der Börse wurde das Rathaus. Während des Osteraufstands besetzte die Irish Citizen Army das Gebäude. Die multimediale Ausstellung »The Story of the Capital« erzählt u.a. anhand von Computeranimationen und Filmen die Geschichte der Stadt.

■ Dame St., Dublin 2, www.dublincity.ie, Mo–Sa 10–17.15 Uhr, Eintritt frei

24 Christ Church Cathedral und Dublinia

| Kirche |

1037 im Auftrag des zum Christentum konvertierten Wikingerkönigs Sitric Silkbeard als Holzkirche errichtet, handelt es sich bei der Christ Church Cathedral um die älteste Kathedrale Dublins. Der Heerführer der anglo-normannischen Invasoren, Richard de Clare, bekannt als Strongbow, ließ den Holzbau 1172 durch eine Steinkirche ersetzen, die erst 1240 fertiggestellt wurde. Durch die lange Bauzeit weisen einige Teile der Kathedrale gotischen, andere romanischen Stil auf. In der Synodenhalle ist das zeitgeschichtliche Museum Dublinia untergebracht, wo man sich auf eine Zeitreise ins Dublin der Wikinger und des Mittelalters begeben kann.

■ Christchurch Pl., Dublin 8, www.dublinia.ie, März–Sept. tgl. 10–18.30, Okt.–Feb. bis 17.30 Uhr, letzter Einlass 1 Std. vor Schließung, Dublinia 9,50 €, erm. 8,50 €

25 St. Patrick's Cathedral

| Kirche |

Neben der Christ Church ist sie die zweite protestantische Kathedrale in Dublin, wobei der Anteil der protestantischen Bevölkerung nur 3 % beträgt. St. Patrick wurde als kleine Holzkapelle auf dem ältesten christlichen Platz der Stadt errichtet, der mit dem hl. Patrick in Zusammenhang gebracht wird. Der Schutzpatron Irlands soll hier um 450 zum Christentum bekehrte Gläubige getauft haben. Im benachbarten St. Patrick's Park markiert ein Stein die Stelle, an der sich die »Tauf-Quelle« befand. Die Kirche wurde 1191 durch einen Steinbau ersetzt und 1864 mit dem Geld des Biermagnaten Sir Benjamin Lee Guinness von Grund auf renoviert. Seine Statue befindet sich rechts des Eingangs. Jonathan Swift, der Verfasser von »Gullivers Reisen«, war von 1713–45 Dekan der Kathedrale. Er und seine große Liebe, Esther Johnson (»Stella«), wurden in der Kathedrale beigesetzt.

■ St. Patrick's Close, Dublin 8, www.stpatrickscathedral.ie, Mo–Fr 9.30–17, Sa 9–18, So 9–10.30, 12.30–14.30, 16.30–18.30 Uhr, im Winter eingeschränkt, 7 €, erm. 6 €

26 Marsh's Library

| Bibliothek |

6 *Hier spukt noch heute der Geist des Erzbischofs*

Die von Erzbischof Narcissus Marsh 1707 gegründete Bibliothek ist die älteste öffentliche Bibliothek Irlands. In den beiden dunklen Eichenholzgalerien sind rund 25 000 Bände untergebracht – ein Buch stammt sogar aus dem Jahr 1472. Das Mobiliar ist seit den Gründerjahren dasselbe. Im alten Lesezimmer saß 1866 Dracula-Schöpfer Bram Stoker bei Kerzenlicht und las Bücher über Geister, Hexen und Astrologie. Vielleicht hat er sich daran erinnert, als er »Dracula« schrieb? Nachts soll der Geist des 1713 gestorbenen Erzbischofs in der Bibliothek herumwandern. Schuld daran ist ein Brief seiner Nichte, der in einem der Bücher versteckt ist. Das Mädchen, das er großgezogen hatte, verliebte sich in einen Kapitän, was dem Onkel missfiel. Das junge Paar entschloss sich deshalb, durchzubrennen. Die Nichte schrieb ihrem Ziehvater einen Abschiedsbrief, in dem sie um seine Vergebung bat und legte diesen in eines seiner Bücher in der Bibliothek. Narcissus, der den Brief zu Lebzeiten nicht fand, kehrt nun Mitternacht um Mitternacht auf der Suche nach dem Brief als Geist zurück. Tatsächlich ist es in der zweiten Galerie, in der sich die Sammlung des Erzbischofs befindet,

ADAC *Spartipp*

Early Bird Menu

Von 17–19 Uhr sparen »frühe Vögel« beim Abendessen. Zahlreiche Dubliner Restaurants bieten am frühen Abend 2- bis 3-Gänge-Menüs von 15–25 € an, darunter Platform 61 (27 William St.), La Cave (28 South Anne St.), Metro Café (43 William St.), Whitefriar Grill (16 Aungier St.), San Lorenzo's (73 South Great George's St.) und The Green Hen (33 Exchequer St.). Weitere Restaurants auf www.visitdublin.com, »early bird menu«.

weitaus kühler als in der ersten. Ob es am Spuk liegt?

■ St. Patrick's Close, Dublin 8, www.marshlibrary.ie, Mo, Mi–Fr 9.30–17, Sa 10–17 Uhr, 3 €, erm. 2 €

27 Teeling Whiskey Distillery

| Destillerie |

Seit Juni 2015 gibt es wieder eine Destillerie in Dublin: die »alte« neue Teeling Whiskey Distillery im Viertel The Liberties, das im 18./19. Jh. mit 32 Destillerien das Epizentrum der Whiskey-Herstellung war. Von hier aus gelangte der Irish Whiskey hinaus in die Welt – Irland war mit über 60 % am Weltmarkt lange Zeit der weltgrößte Whiskey-Produzent. Sinkende Exportzahlen, zum einen durch die Prohibition in den USA, zum anderen durch neue Technologien anderer Whiskey-Produzenten und Konkurrenz aus Schottland, hatten zur Folge, dass 1976 die letzte Whiskey-Destillerie in Dublin schließen musste.

Walter Teeling war 1782 einer der ersten Whiskey-Produzenten im Viertel. Symbol der Firma ist der Phoenix, der für den Neubeginn steht. Hier wird der Old Spirit of Dublin in Form eines gleichnamigen Whiskeys wieder zum Leben erweckt. Schon ein Jahr nach ihrer Eröffnung erhielt Teeling beim »2016 World Whiskies Award« drei Auszeichnungen für den Best Irish Single Malt. Die ältesten Whiskeys der Firma stammen aus der Cooley Distillery im County Louth, die John Teeling 1987 gründete und 2011 verkaufte, dabei jedoch 16 000 Fässer mit gealtertem Whiskey behielt. Auf einer Führung durch die Destillerie erfährt man neben der Geschichte der irischen Whiskey-Industrie alles Wissenswerte zum Produktionsprozess – von der Destillierung bis zum fertigen Getränk. Am Ende des Rundgangs gibt es eine Whiskey-Verkostung.

■ 13-17 Newmarket, Dublin 8, www.teelingdistillery.com, tgl. 10–17.40 Uhr, Tour ab 15 €

28 Guinness Storehouse

| Museum |

Etwa 15 Minuten Fußmarsch sind es vom Newmarket bis zum Guinness Storehouse am St. James's Gate. Den Kern des umgebauten Gärhauses bildet ein riesiges Pint, das sich vom Erd- bis zum Dachgeschoss erstreckt. Auf sechs Etagen erfahren Besucher all das, was sie schon immer über das dunkle Stout wissen wollten: von der Erfolgsgeschichte des Arthur Guinness bis hin zum traditionellen Produktionsprozess des Bieres. Nach der Tour kann man in der Gravity Bar im 7. Stock mit spektakulärem Blick auf Dublin ein Pint genießen.

■ St. James's Gate, www.guinness-storehouse.com, tgl. 9–19 Uhr, letzter Einlass 17 Uhr, Tour ab 18,50 €

Gefällt Ihnen das?

Dann besuchen Sie das Museum **Smithwick's Experience** (S. 105) in Kilkenny, wo lange das Red Ale gebraut wurde. Es muss ja nicht immer Guinness sein!

29 Irish Museum of Modern Art (IMMA)

| Museum |

Irlands führende staatliche Institution für Gegenwartskunst befindet sich im ehemaligen Royal Hospital, dem größten klassizistischen Gebäude des Landes, das von 1680–84 nach dem Vor-

Einst Krankenhaus, heute Tempel der schönen Künste: das IMMA

bild des Hôtel des Invalides in Paris errichtet wurde und als Alten- und Invalidenheim für Soldaten diente. Das 1991 eröffnete IMMA besitzt eine Sammlung von über 3500 Exponaten moderner und zeitgenössischer Kunst.

■ Military Rd., Dublin 8, Luas und Bus bis Heuston Station, www.imma.ie, Di–Fr 11.30–17.30, Sa 10–17.30, So 12–17.30 Uhr, Eintritt frei

30 Kilmainham Gaol

| Museum |

2 *Berühmt-berüchtigtes Gefängnis der Rebellenführer*

Das düstere Gefängnis spielt in der Geschichte Irlands eine bedeutende Rolle, denn es gab kaum einen nationalistischen Politiker oder Rebellenführer, der zwischen 1796 und 1924 nicht hier einsaß. Zwei Jahre nach der Eröffnung wurden die Rebellenführer der gescheiterten Revolte von 1798 in die dunklen Zellen gebracht, 1916 die 15 Führer des Osteraufstands, die am 12. Mai im Exekutionshof erschossen wurden. Das Gefängnis wurde 1924 nach der Unabhängigkeit Irlands geschlossen. Der letzte Gefangene war der spätere irische Präsident Eamon de Valera. Anfang der 1960er-Jahre wurde der Gebäudekomplex restauriert und ist seitdem Gedenkstätte und Museum.

Bei einer Führung durch das Gefängnis geht es vorbei an den winzigen Zellen, in denen die Verurteilten des Osteraufstands auf ihre Hinrichtung warteten und Abschiedsbriefe schrieben. Man erfährt die Geschichte von Joseph Plunkett, Führungsmitglied der Irish Republican Brotherhood, dem erlaubt wurde, seine Verlobte Grace im Gefängnis zu heiraten – eine Stunde, bevor er exekutiert wurde. John Connolly, einer der Anführer der Irish Citizen Army, war aufgrund einer Schussverletzung am Bein so schwer verletzt, dass er nur an einen Stuhl gebunden vor das Exekutionskommando ge-

Gefällt Ihnen das?

Dann machen Sie auch einen Ausflug in den Strafvollzug des 19. Jh. im **Cork City Gaol** (S. 112), wo auch die rebellische Countess Markievicz, Heldin im irischen Unabhängigkeitskampf, einsaß.

bracht werden konnte. Schriftstücke der Gefangenen dokumentieren die Geschichte des Freiheitskampfes.
■ Inchicore Rd., Dublin 8, Bus Nr. 13, 40, 69 und 79, www.kilmainhamgaolmuseum.ie, tgl. 9–19/18, Okt.–März 9.30–17.30 Uhr, letzte Tour 17.45/16.45 Uhr, 8 €, erm. 7 €

In der Umgebung

Trim Castle Die größte anglo-normannische Burg Irlands (12. Jh.) im Boyne Valley in Trim diente als Kulisse für den Film »Braveheart« von 1995 und bietet bei einer Führung einen Einblick in die anglo-normannische Geschichte des Landes. ■ Trim Castle, Mitte März–Ende Sept. tgl. 10–17 Uhr, 5 €, erm. 3 €

2 Howth

Fisch, Seafood und Spaziergänge mit fantastischer Aussicht

Das Fischerörtchen Howth befindet sich nordöstlich von Dublin auf der Halbinsel Howth Head. Touristen und Hauptstädter kommen v. a. wegen der exzellenten Fischrestaurants am Hafen (wie z.B. das King Sitric oder Deep Restaurant) hierher. Beliebt sind auch die markierten Loop Walks rund um den Hügel Ben Edair, von dessen Spitze sich eine fantastische Aussicht auf die umliegende Küstenlandschaft und das nahe Dublin bietet.

Über dem Hafen liegt die Ruine der St. Mary's Abbey, die 1042 im Auftrag von Wikingerkönig Sitric errichtet wurde. Sehenswert sind der Leuchtturm Baily Lighthouse am südöstlichen Endpunkt der Insel und das Howth Castle vor dem Ortseingang, auf dem die Familie Gaistord-St. Lawrence seit 800 Jahren residiert. Besuchern bleibt der Eintritt verwehrt.

Verkehrsmittel

Alle 30 Min. mit DART ab Connolly Station, Dublin, 3,25 €, Tagesticket 6,15 €.

3 Malahide Castle

Schloss mit weitläufigen Parkanlagen und Botanischem Garten

■ Malahide Demesne, Malahide, Tel. 01/816 95 38, www.malahidecastleandgardens.ie, Führungen tgl. 9.30–16.30, Nov.–März bis 15.30 Uhr, 12,50 €

Das Schloss aus dem 12. Jh. war von 1185–1976 im Besitz der Barone Talbot of Malahide, bis sich die letzte Erbin, Baronesse Rose Talbot, dazu gezwun-

ADAC *Mobil*

Maut – M50 eFlow Barrier System
An der elektronischen Zahlstelle der M50 um Dublin ist die Bezahlung erst nach der Durchfahrt möglich. Diese erfolgt online (www.eflow.ie) mit Visa oder MasterCard. Bei der Durchfahrt unter den Kameras wird das Nummernschild fotografiert. Achtung: Die Gebühr muss bis 20 Uhr am nächsten Abend bezahlt werden, ansonsten wird eine Strafgebühr fällig!

Die Parkanlage rund um Schloss Malahide Castle lädt zu Spaziergängen ein

gen sah, das Anwesen an den Staat zu verkaufen. Seit 1978 ist das Schloss auf dem bewaldeten Landgut ein Museum. Vier Empfangsräume und Schlafzimmer können bei einem geführten Rundgang besichtigt werden, darunter das dunkel getäfelte Turmzimmer Oak Room und die Great Hall mit dem gigantischen Gemälde »Battle of the Boyne«. Bei der Schlacht im Jahre 1690 kamen 14 Familienmitglieder ums Leben. Das Bild ist eine Leihgabe der National Gallery of Ireland. Den Gerüchten nach spuken fünf Geister auf Malahide Castle – Schlossarbeiter schwören, dass ihnen mindestens zwei erschienen sind. Auf dem Anwesen befindet sich ein Botanischer Garten mit 5000 Pflanzenarten, der von Hobbygärtner Lord Milo Talbot in den 1950er-Jahren angelegt wurde.

Verkehrsmittel

Bus Nr. 42 ab Talbot St. oder mit der Bahn ab Connolly Station, Dublin.

4 Sandycove

Hier nimmt »Ulysses« seinen Anfang – ein Muss für James-Joyce-Fans

Das Küstenstädtchen Sandycove, in fußläufiger Entfernung zu Dublins Fährhafen Dún Laoghaire gelegen, zieht v. a. literarisch Interessierte an.

Sehenswert

James Joyce Tower
| Museum |
An der Küste steht ein Martello Tower, eine runde Befestigungsanlage, die das britische Empire zum Schutz vor einer Invasion durch Napoleon zwischen 1796 und 1814 errichten ließ. Der Dubliner Schriftsteller Oliver St. John Gogarty verbrachte einige Zeit im Turm, um in Ruhe zu schreiben. Als James Joyce ihn dort 1904 besuchte, kam es zu einem heftigen Streit zwischen den Freunden, bei dem Gogarty mit seiner Pistole Schüsse auf Pfannen

abfeuerte, die über Joyces' Bett hingen. James Joyce rächte sich für die Schüsse, indem er aus Gogarty den dicken Buck Mulligan in »Ulysses« machte. In der Figur des Intellektuellen Stephen Dedalus, dem Protagonisten neben Bloom, hat sich Joyce selbst porträtiert. Heute befindet sich im Turm das James Joyce Museum mit persönlichen Gegenständen des Schriftstellers, der Erstausgabe von »Ulysses« sowie einer Kopie seiner Totenmaske.

Am Fuße des Turms liegt die felsige Badestelle Forty Foot, an der Hartgesottene bei jedem Wetter in die Fluten steigen. Der Name bezieht sich auf das 40th Regiment of Foot der Britischen Armee, das hier im 18./19. Jh. stationiert war. Auf dem Schild steht »Gentlemen's Bathing Place«, denn damals durften hier nur Männer baden.

■ Martello Tower, Sandycove Point, Tel. 01/280 92 65, www.joycetower.ie, tgl. 10–18 (Sommer), 10–16 Uhr (Winter), Eintritt frei

Verkehrsmittel

Mit der DART-Bahn ab Connolly Station, Dublin, ist man in rund 25 Min. im nahe gelegenen Sandycove.

5 Hill of Tara

Prähistorische Stätte sowie Sitz und Krönungsort der irischen Hochkönige

■ Hill of Tara, Visitor Centre, Castleboy, Mitte Mai–Mitte Sept. tgl. 10–18 Uhr, letzter Einlass 17 Uhr, 5 €, zu Tara selbst hat man immer freien Zugang

Der Mythologie nach herrschten auf Tara die Priester der Kelten, die Druiden. Da bei Ausgrabungen zahlreiche Grabstätten aus der Bronzezeit gefunden wurden, wird das Alter der Stätte auf über 4000 Jahre geschätzt. Spätestens ab dem 3. Jh. n. Chr. war Tara das wichtigste politische und religiöse Zentrum des Landes. Hier hielten die irischen Hochkönige Hof, hier traf man sich alle drei Jahre mit Priestern, um Gesetze zu erlassen. Über 140 Könige wurden auf dem Krönungsstein »Lia Fáil« gekrönt. Einer Legende zufolge hat der hl. Patrick im 5. Jh. König Laoghaire auf dem nahe gelegenen Hill of Slane zum Christentum bekehrt. Der König soll stehend mit einem Schwert in der Hand auf dem Hill of Tara beigesetzt worden sein, damit er noch im Tod seine Feinde in Schach halten konnte.

ADAC *Mittendrin*

Seit 1929 feiern die Dubliner jährlich am 16. Juni den **Bloomsday** – weltweit der einzige Gedenktag, der einer Romanfigur gewidmet ist. Joyceaner wandern an diesem Tag zu den realen Orten des fiktiven Geschehens, an denen Leopold Bloom seine banalen Abenteuer erlebte. In die Bürgersteige im Zentrum Dublins wurden 14 Bronzeplaketten eingelassen, die auf die Orte hinweisen. In Sandycove fahren Oldtimer durch die Straßen, am Steuer Herren mit dem unverkennbaren schwarzen James-Joyce-Hut, vor den Pubs stehen Fans in langen Gehröcken und mit runden Brillen, die Frauen tragen Kleider nach der Mode um 1900 und mit Blumen verzierte Strohhüte wie Nora Barnacle. Auf und rings um dem Martello Tower finden Lesungen aus »Ulysses« statt. *Infos: www.jamesjoyce.ie*

Mit der Ausbreitung des Christentums verlor Tara an Bedeutung, behielt aber seinen symbolträchtigen Charakter. So wundert es nicht, dass es Daniel O'Connell, dem Gründervater des irischen Nationalismus, gelang, 1 Mio. Menschen nach Tara zu mobilisieren, als er dort am 15. August 1843 eine seiner »Monster Meetings« abhielt. Den einst magischen Ort kann man nur erahnen, denn er ist wenig mehr als eine grüne Erhebung. Lediglich von der Vogelperspektive aus sind die ringförmigen, von Gras überwucherten Erdwälle deutlich zu erkennen. Über die Geschichte Taras informiert das Visitor Centre unterhalb des Hügels.

Der Grabhügel gehört zu den ältesten Anlagen auf dem Hill of Tara

6 Brú na Bóinne

3 *Eines der berühmtesten prähistorischen Ganggräber Irlands*

■ Newgrange Visitor Centre, Newgrange, www.newgrange.com, tgl. geöffnet: Feb.–April 9.30–17.30, Mai 9–18.30, Juni–Mitte Sept. 9–19, Mitte–Ende Sept. 9–18.30, Okt. 9.30–17.30, Nov.–Jan. 9–17 Uhr, Ausstellung, Newgrange und Knowth 13 €, erm. 10/8 €

Brú na Bóinne, irisch für »Palast des Boyne«, liegt an der Biegung des Flusses Boyne hinter dem Ort Slane. Die Ganggräber, große Grabkammern unter einem aufgeschütteten Grabhügel, sind etwa 4500–5200 Jahre alt. Zugewachsen und als Weideland genutzt, wurde das Ganggrab von Newgrange erst 1699 durch Zufall entdeckt, als Grundbesitzer Charles Campbell Steine entfernen ließ. Der knapp 14 m hohe Grabhügel mit einem Durchmesser von 85 m wird von 97 riesigen Monolithen gesäumt. Im Inneren führt ein ca. 20 m langer Gang in eine kreuzförmige Grabkammer mit drei Nischen, in der bei Ausgrabungen ein verzierter Altarblock gefunden wurde. Alljährlich fallen zur Wintersonnenwende am 21. Dezember Strahlen der aufgehenden Sonne durch eine Öffnung über dem Eingang direkt in die Grabkammer und erleuchten sie für etwa 15 Minuten. Warum diese auf die Wintersonnenwende ausgerichtet wurde, ist unbekannt, aber es ist wahrscheinlich, dass die Sonne in der Religion der Menschen damals eine große Rolle gespielt hat. Beeindruckend ist, wie exakt die jungsteinzeitlichen Bauherren Himmelsbeobachtungen baulich umzusetzen verstanden. Bei einer Führung wird der Strahleneinfall mit künstlichem Licht imitiert.

Das jungsteinzeitliche Hügelgrab von Newgrange gehört zum Weltkulturerbe

Die Anlage Knowth liegt 1 km nordwestlich von Newgrange und besteht aus einem ovalen Haupthügel, der von 17 kleineren Ganggräbern umgeben ist. Man nimmt an, dass die Grabanlage etwas älter als Newgrange ist. Knowth kann man nur von außen und nur im Rahmen einer Führung besichtigen (April–Mitte Okt., www.knowth.com).
Dowth, die älteste der drei Grabanlagen, ist für Besucher nicht zugänglich und kann lediglich von der Straße zwischen Newgrange und Drogheda aus angesehen werden.
Das Visitor Centre befindet sich am Eingang zu Newgrange. Hier erhält man Tickets für eine geführte Besichtigung. Der Eintrittspreis beinhaltet neben der Führung auch die Busfahrt zur Anlage. Während man wartet – v.a. in der Hochsaison ist der Andrang groß –, kann man sich im Visitor Centre eine Nachbildung der Grabkammer sowie eine Ausstellung über das Leben der Menschen in der Jungsteinzeit anschauen.

7 Drogheda

Hier ruht das Haupt des einzigen Märtyrers der irischen Religionsgeschichte

i Information

■ Drogheda Tourist Office, The Tholsel, West St., Drogheda, Tel. 041/987 28 43, www.drogheda.ie

Die kleine Provinzstadt, 8 km östlich von Newgrange, wurde 911 von den Wikingern gegründet, zählt zu den ältesten Städten Irlands und ist Geburtsort des Schauspielers Pierce Brosnan. Oliver Cromwell, Lordprotektor von England, Schottland und Irland, und seine 12 000 Mann starke Truppe fielen 1649 auf ihrem Rachefeldzug gegen die katholischen Iren in Drogheda ein. Die Armee massakrierte mehr als 2000 Garnisonssoldaten und verbrannte 100 Menschen bei lebendigem Leib in einer Kirche. In einem Reliquienschrein in der St. Peter's Church

in der West Street befindet sich das einbalsamierte Haupt von Erzbischof Oliver Plunkett, der während der verschärften Gesetze gegen Katholiken 1672 in den Untergrund ging. Im Dezember 1679 wurde er unter einem fadenscheinigen Vorwand verhaftet, nach London überführt und zum Tode verurteilt. Papst Paul VI. sprach Plunkett 1975 heilig.
Nahe der Stadt fand 1690 die berühmte »Schlacht am Boyne« statt, wo sich die Armeen von James II. (der letzte katholische König Englands) und Wilhelm von Oranien gegenüberstanden. An der Schlacht nahmen 61 000 Soldaten teil. Mit 36 000 Soldaten war Wilhelm deutlich in der Übermacht und siegte. Irland litt jahrhundertelang unter dieser Niederlage.

Kinder

Wasserspaß in Drogheda Im Funtasia Waterpark gibt es neben Pools und rasanten Rutschen auch Themenparks wie den Piraten-Wasserpark, den Atlantis-Spielplatz, Kletterwände u.v.m. ■ Tel. 041/989 80 00, www.funtasia.ie, tgl. 10–23 Uhr, Activity Packages online ab 18 € pro Pers. Anfahrt siehe Website

8 Glendalough

Verlassene Klostersiedlung in den bewaldeten Wicklow Mountains

Information

■ Glendalough Visitor Centre, Glendalough, Tel. 0404/453 52, www.glendalough.ie. Mitte März–Mitte Okt. 9.30–18, Mitte Okt.–Mitte März tgl. 9.30–17 Uhr. Das Visitor Centre zeigt eine kleine Ausstellung

Das Tal der zwei Seen (irisch Gleann Dá Loch) ist eines der beliebtesten Naherholungsziele der Dubliner – und v.a. an Wochenenden gut besucht. Im 6. Jh. kam der hl. Kevin nach Glendalough und errichtete am oberen der beiden Seen eine Abtei. Aufgrund seiner asketischen Lebensweise, Frömmigkeit und Weisheit wuchs die Zahl seiner Anhänger rasant. Kevin selbst lebte wie der hl. Franz von Assisi zurückgezogen im Wald und sprach mit den Vögeln. Saint Kevin's Cell, das Fundament seiner »Bienenkorbhütte« im Wald, und Saint Kevin's Bed, die Höhle, in der er schlief, sind noch immer erhalten. Über das Leben des Heiligen gibt es nur Legenden, keine Fakten. Kevin war angeblich 120 Jahre alt, als er 618 starb. Seinem Schaffen ist es zu verdanken, dass sich die Abtei nach seinem Tod zu einem Mittelpunkt des irischen Christentums und einem Wallfahrtsort entwickelte. Vom 9.–12. Jh. entstand eine große Klosterstadt mit Kathedrale, Rundturm und St. Kevin's Church, die weit über die Grenzen Irlands hinaus Geltung als Hort der Gelehrsamkeit erwarb. Der Rundturm, die Kirche und der Friedhof sind noch erhalten, der Kathedrale, einst die größte Kirche Irlands, fehlt das Dach. Glendalough wurde 1368 von britischen Truppen angegriffen und zerstört, das Kloster blieb jedoch bestehen, bis Heinrich VIII. 1539 alle katholischen Klöster auflöste.

Wandern

Auf der 15 km langen Wanderroute von Glendalough auf den 657 m hohen **Mullacor Mountain** wird man mit atemberaubenden Aussichten belohnt. Eine Wanderkarte hält das Glendalough Visitor Centre bereit.

Übernachten

In Dublin sind das ganze Jahr über Städtereisende unterwegs, und preiswerte Unterkünfte sind rar gesät. Trotzdem sind Zimmer außerhalb der Hochsaison (Juli/August) um einiges günstiger. Viele Dubliner Hotels bieten auf ihrer Website »Specials« an, sodass man bei Vorausbuchungen oder bei Übernachtungen an bestimmten Tagen einiges spart. Besucher haben die Qual der Wahl: B&B, Boutique-Hotel, Guesthouse, Business-Hotel, Luxushotel in einem georgianischen oder viktorianischen Gebäude? Was auch immer: Freundlichkeit wird in allen Häusern großgeschrieben.

Dublin 66

€–€€ | **Harding Hotel** Günstiges 3-Sterne-Hotel im Tempel Bar District, helle, modern eingerichtete Zimmer. ■ Fishamble St., Dublin 2, Tel. 01/679 65 00, www.hardinghotel.ie

€–€€ | **Maple Hotel** Nettes Budgethotel im Herzen der Stadt. ■ 74-75 Lower Gardiner St., Dublin 1, Tel. 01/855 54 42, www.maplehotel.com

€–€€ | **Number 31** Das preisgekrönte B&B mit 21 stilvoll eingerichteten Zimmern liegt nur einen Katzensprung von St. Stephen's Green entfernt. Das Haus wirbt mit dem besten Frühstück Irlands. ■ 31 Leeson Close, Dublin 2, Tel. 01/676 50 11, www.number31.ie

€€ | **12th Lock Boutique Hotel** In ruhiger Umgebung an der Flusspromenade im Vorort Castleknock gelegen. Hübsche Zimmer, zwei Restaurants und Parkplätze. ■ Castleknock Marina, Dublin 15, Tel. 01/860 74 00, www.the12thlock.ie

€€ | **Mont Clare** Ausgezeichnetes Hotel in viktorianischem Gebäude im Zentrum. ■ 1-4 Merrion St., Dublin 2, Tel. 01/607 38 00, www.montclarehotel.ie

€€ | **Stauntons on the Green** Geschichtsträchtiges Hotel am Außenministerium. Komfortable Zimmer, im hinteren Bereich ruhig und mit Blick ins Grüne. ■ 83 St. Stephen's Green, Dublin 2, Tel. 01/478 23 00, www.stauntonsonthegreen.ie

€€ | **Trinity College** Von Mai bis September bietet das Trinity College auf seinem Campus Gästezimmer und 2–3-Zi.-Apartments an. ■ College Green, Dublin 2, Tel. 01/896 10 00, www.tcd.ie/summeraccommodation

€€–€€€ | **Temple Bar Hotel** Bestens ausgestattetes Hotel im angesagten Temple Bar District. ■ 13-17 Fleet St., Dublin 2, Tel. 01/677 33 33, www.templebarhotel.com

€–€€€ | **The Gresham** Wurde 1817 von Thomas Gresham, dem ehemaligen Butler einer reichen Dubliner Familie, eröffnet und ist mit seiner imposanten Fassade eines der Wahrzeichen der Stadt. In dem charmanten Hotel fühlt man sich sofort wie zu Hause. Ein Muss ist der Afternoon Tea mit Blick auf die O'Connell St. ■ 23 Upper O'Connell St., Dublin, Tel. 01/874 68 81, www.gresham-hotels-dublin.com

Howth 90

€€ | **King Sitric Fish Restaurant & Accomodation** Hübsch eingerichtete, helle Zimmer mit Meerblick. Der

Aufenthalt lohnt schon wegen des Restaurants! ■ E Pier, Howth, Tel. 01/832 52 35, www.kingsitric.ie

Malahide Castle 90

€€ | Grand Hotel Das charmante, 1835 erbaute Hotel liegt im Herzen Malahides, direkt an der Küste. Leckeres Frühstück mit Aussicht. ■ Grove Rd., Malahide, Tel. 01/845 00 00, www.thegrand.ie

Sandycove 91

€€ | The Royal Marine Hotel Nostalgischer Stil, bei Zimmer mit Meerblick traumhafte Aussicht.Tipp: Auf der Website gibt es bei Vorausbuchung günstige Angebote. ■ Marine Rd., Dún Laoghaire, Tel. 01/230 00 30, www.royalmarine.ie

Hill of Tara 92

€ | Hill of Tara House Preiswertes B&B mit familiärer Atmosphäre. ■ Mrs. Joan Maguire, Tara, Tel. 046/902 52 96, sineadfromtara@eircom.net

Brú na Bóinne 93

€€ | Rossnaree House Wunderschönes Gutshaus mit individuell eingerichteten Zimmern am Ufer des Boyne gelegen. ■ Rossnaree, Newgrange, Tel. 041/982 09 75, www.rossnaree.ie

Drogheda 94

€€ | Scholars Townhouse Hotel Ehemaliges Kloster der Christian Brothers im Herzen von Drogheda, das 2005 zu einem Boutique-Hotel umgestaltet wurde. ■ King St., Drogheda, Tel. 041/983 54 10, www.scholarshotel.com

Glendalough 95

€ | Glendalough Hotel Familienbetriebenes Hotel im schönen Glendalough Naturpark. ■ Glendalough, Tel. 0404/451 35, www.glendaloughhotel.com

€ | Lough Dan House B&B in den Wicklow Mountains. Ideal für Wanderer, die von hier aus Touren machen möchten. ■ Roundwood, Tel. 01/281 70 27, www.loughdanhouse.com

ADAC *Das besondere Hotel*

Das geschichtsträchtigste Hotel Irlands ist das **The Shelbourne.** Hier wurden während des Osteraufstands 1916 verwundete Rebellen versorgt, 1922 wurde in Zimmer 112 unter Michal Collins' Federführung die irische Verfassung ausgearbeitet, deren Entwurf in einem kleinen Museum ausgestellt ist. In der Nachsaison gewährt das Haus Preisnachlässe.

€€€ | 27 St. Stephen's Green, Dublin 2, Tel. 01/663 45 00, www.marriott.com

Der sonnige Süden – vom Golfstrom verwöhnt

Idyllische Küstenabschnitte, blühende Gärten und historische Sehenswürdigkeiten machen den Süden zu einem bevorzugten Reiseziel

Im Südosten Irlands mit den Grafschaften Wexford und Waterford befindet sich der regenärmste Teil der Insel, laut Klimastatistik scheint hier die Sonne länger als auf dem Rest der Insel. Hier, im Südosten, landeten einst die Wikinger und Anglo-Normannen. Und so verwundert es kaum, dass die gleichnamigen Küstenstädte Wexford und Waterford mittelalterliche Wikingergründungen sind. Burgen und Klöster prägen die Landschaft von Kilkenny und Tipperary, darunter das berühmte Schloss Rock of Cashel. In Cork, der südlichsten Grafschaft, herrscht dank des warmen Golfstroms ein fast mediterranes Flair. Hier liegen die gleichnamige, zweitgrößte Stadt Irlands und die Hafenstadt Cobh, wo die Titanic einen letzten Stopp einlegte, bevor sie dem Untergang entgegenfuhr. Vieles erinnert an die Katastrophe.

In diesem Kapitel:

ADAC Empfehlungen:

7 Smithwick's Experience Kilkenny
| Museum |
Die ehemalige Abtei ist das Zuhause des ältesten Bieres Irlands. Bierfreunde erfahren bei einem Rundgang durch die Anlage alles Wissenswerte über die Geschichte der bekannten Brauerei. 105

8 Chez Hans, Cashel
| Restaurant |
Es war ein Deutscher, der dieses außergewöhnliche Restaurant in einer Kirche 1968 eröffnete. Längst eine Institution, gehört es heute zu den besten Restaurants Irlands. 107

9 Lismore Castle Gardens

| Park |

In den ältesten Gärten Irlands war die Schwester von Hollywood-Star Fred Astaire zu Hause. 108

10 Elizabeth Fort, Cork

| Festung |

Das ehemalige Frauengefängnis bietet den besten Blick über Cork. 111

11 Titanic Experience, Cobh

| Museum |

Vom Pier hinter dem Museum ließen sich die letzten 123 Passagiere an Bord der Titanic bringen, die vor der Zufahrt zum Hafen vor Anker lag. 114

9 Wexford

Im Herbst zieht es Opernfans aus aller Welt in das Städtchen am Meer

Information

■ County Tourist Office, The Quay Front, Tel. 053/912 31 11, www.visitwexford.ie

Das Küstenstädtchen am Rande einer kleinen Bucht wurde im 9. Jh. von Wikingern gegründet, 300 Jahre später fielen die Anglo-Normannen in die Stadt ein. Wexford war mehrmals Schauplatz von Aufständen und Massakern. 1649 fielen Oliver Cromwells Truppen in die Stadt ein und metzelten fast drei Viertel der Bevölkerung nieder. Während der Irischen Rebellion 1798 war die Stadt von Rebellen besetzt und Tatort eines berüchtigten Massakers. Auf der Vorgängerbrücke der Wexford Bridge ließen die United Irishmen rund 100 ansässige Loyalisten mit Piken hinrichten und sie anschließend in den Fluss werfen. Nach dem Aufstand erfolgte die Revanche der Protestanten – die Rebellenführer wurden an der Brücke gehängt, enthauptet und ebenfalls ins Wasser geworfen.
Die ältesten Gebäude in der Stadt sind die Selskar's Abbey und der Westgate Tower mit dem Stadttor aus dem 13. Jh. Wexford entwickelte sich bis zum 19. Jh. zu einem bedeutenden Seehafen, der wegen Versandung jedoch 1968 geschlossen wurde. Heute ist die Stadt berühmt für ihr fast dreiwöchiges Opernfestival im Herbst.

Sehenswert

Selskar's Abbey

| **Kloster** |

Das augustinische Kloster wurde 1190 an der Stelle einer ehemaligen Kirche gegründet, in der 1169 der König von Leinster, Dermot Mac Murrough, den ersten anglo-irischen Friedensvertrag unterschrieben hatte. Mac Murrough war derjenige, der die Engländer nach

Der Hafen von Wexford bietet heute meist ein Bild beschaulicher Ruhe

Irland holte. Als sein Versuch, Hochkönig von Irland zu werden, scheiterte, bat er König Heinrich II. von England um Hilfe. Eine Legende besagt, dass Heinrich II. 1172 hier 40 Tage verbrachte, um den Mord an dem Erzbischof von Canterbury, Thomas Beckett, zu sühnen, der im Auftrag des Königs ermordet worden war. Da das Kloster damals noch nicht existierte, tat Heinrich II. wohl in der Kirche Buße, die sich damals hier befand. Seinen ruinösen Zustand hat das Kloster dem Rachefeldzug Oliver Cromwells zu verdanken.

■ Ferrybank South, die Klosterruine ist frei zugänglich

Restaurants

€€–€€€ | Seasons Im Restaurant des Whitford Hotel wird ausgezeichnete irische und französische Küche serviert.

■ New Line Rd., Tel. 053/914 34 44, www.whitfordhotelwexford.ie, Fr, Sa Abend

Events

Wexford Opera Festival Pilgerstätte für Opernfans aus der ganzen Welt. Zu dem 1951 gegründeten Festival, das jährlich im Oktober/November stattfindet, kommen rund 20 000 Besucher.

■ Tel. 053/912 21 44, Programm und Ticketbuchung: www.wexfordopera.com

Wandern

Wanderung in den Blackstairs Mountains Der höchster Gipfel des Mittelgebirges ist der 796 m hohe Mount Leinster. Der 13,5 km lange Blackstairs Mountain Loop Walk dauert etwa 5 Std. Wanderkarte plus App: www.activeme.ie/guides/walks/blackstairs-mountain-loop-walk

Im Blickpunkt

Dermot MacMurrough und die englischen Invasoren

Die beiden Provinzkönige Dermot Mac Murrough von Leinster und Tiernan O'Rourke von Bréifne (die heutigen Grafschaften Cavan, Leitrim und Teile von Sligo) gerieten eines Tages in einen Machtkampf, in dessen Verlauf Mac Murrough in O'Rourkes Territorium einfiel und dessen Frau entführte. O'Rourkes Zeitpunkt für Rache bot sich erst 14 Jahre später. Zusammen mit dem irischen Hochkönig und dem König von Meath vertrieb er 1166 Mac Murrough aus Leinster. Dieser floh nach England und bat Heinrich II. um Hilfe zur Rückgewinnung seines Landes. Heinrich wollte sich in den Händel aber nicht einmischen, erlaubte dem Iren jedoch, Söldner in England anzuwerben. Mac Murrough konnte Richard de Clare, 2nd Earl of Pembroke, genannt Strongbow, für seine Sache gewinnen und versprach ihm im Gegenzug die Erbschaft Leinsters und die Hand seiner Tochter Aoife. 1169 fielen die Anglo-Normannen unter Strongbow in Irland ein und eroberten Waterford und Dublin. Die Herrschaft der Engländer nahm ihren Anfang. Als Mac Murrough starb, erbte Strongbow Leinster. König Heinrich war sein Untertan plötzlich zu mächtig, sodass er ihn all seiner Ämter enthob, 1172 selbst einen Feldzug nach Irland unternahm und die Insel unter seinen Gefolgsleuten aufteilte.

10 Waterford

Irlands älteste Stadt und Zentrum der Kristallproduktion

Information

■ Waterford Discover Ireland Centre, 120 Parade Quay, Tel. 051/87 58 23, www.visitwaterford.com

Die von den Wikingern im 9. Jh. als Vadrafjord gegründete Hauptstadt des Waterford County gilt als älteste Stadt Irlands und ist seit 1783 Produktionsstätte von Kristallglas. Über 200 Jahre lang war sie der Inbegriff edler Kristallwaren, die zahlreiche Besucher, allen voran aus den USA, anzogen – bis Waterford Crystal Konkurs anmeldete und 2009 schloss. Dank Finanzspritzen aus den USA wurde 2010 eine neue Glasmanufaktur eröffnet und die Tradition von Waterford Crystal fortgesetzt.
Wahrzeichen der Stadt und ältestes erhaltenes nichtkirchliches Gebäude der Grünen Insel ist der massige Reginald's Tower, der Anfang des 12. Jh. als wichtigster Teil der Stadtbefestigung errichtet wurde.

Sehenswert

House of Waterford Crystal

| Glasbläserei |
Während einer einstündigen Führung durch die Produktionsstätten erfahren Besucher die Geschichte von Waterford Crystal und sehen den Glasbläsern beim Schmelzen, Blasen, Schneiden und Formen zu. Fast 800 t Kristall werden hier im Jahr verarbeitet. Der Fabrik ist ein Laden angeschlossen, in dem sich die größte Waterford-Kristallausstellung der Welt befindet.
■ 28 The Mall, www.waterfordvisitorcentre.com. Factory Tour: April–Okt. Mo–Sa 9–16.15, So 9.30–16.15 Uhr, sonst kürzer, Tour (Online-Buchung) 12,60 €

Reginald's Tower

| Museum |
Der massive runde Turm wurde gleich nach der Eroberung Waterfords durch die Anglo-Normannen auf dem Areal einer Wikingerfestung errichtet, war Teil der Verteidigungsanlage und galt als sicherster Ort der Stadt. Strongbow feierte hier 1170 seine Hochzeit mit Aoife Mac Murrough. Im Laufe der Jahrhunderte diente der Turm als Münzprägeanstalt, Munitionsdepot, Polizeistation und Gefängnis. Heute beheimatet er das Wikinger-Museum.
■ The Quai, Tel. 051/30 42 20, www.waterfordtreasures.com, Ende März–Mitte Dez. tgl. 9.30–17.30 Uhr, sonst kürzer, 7 €, erm. 6 €

Medieval Museum

| Museum |
Das jüngste Museum der Stadt (2013 eröffnet) wurde über zwei unterirdischen Gewölben errichtet, die per Zufall bei Bauarbeiten ans Tageslicht kamen. Der obere Keller, der Mayor's Wine Vault, stammt noch aus dem 15. Jh. und war einst der Weinkeller des Bürgermeisters. Der untere Keller, die Choristor's Hall, gehörte zu einem mittelalterlichen Bischofspalast und wurde im 13. Jh. als Münzprägeanstalt genutzt. Der damalige Bischof von Waterford, Stephen de Fulbourne, war gleichzeitig Schatzkanzler Irlands. Im Museum sind Exponate aus dem Mittelalter ausgestellt, darunter das einzige erhaltene Kleidungsstück von Heinrich VIII. und ein Schwert König Edwards IV.

Östlich von Waterford, bei Passage East, pendelt eine Fähre über den Fluss

■ The Mall (Cathedral Sq.), www.waterfordtreasures.com, Mo–Fr 9.15–16, Sa 9.30–18, So 11–18 Uhr, Sept.–Mai kürzer, letzter Einlass 1 Std. vor Schließung, 7 €, erm. 6 €

Restaurants

€–€€ | Bodega Restaurant & Wine Bar Beliebt sind v.a. die günstigen Tagesgerichte. Trotz des spanischen Namens und der eher südlichen Inneneinrichtung wird hier vorwiegend irische Küche serviert. Täglich ein vegetarisches Gericht auf der Speisekarte. ■ 54 John St., Tel. 051/84 41 77, www.bodegawaterford.com, So geschl.

€–€€ | Kyoto Laut der irischen Zeitung »Sunday Independent« ist das Lokal mit seinen köstlichen Wok-Gerichten, Sushi und mehr die »Perle Waterfords«. ■ John Collyn House, High St., Tel. 051/854 62, tgl. ab 12.30 Uhr

Events

Spraoi Festival Das Festival, das jährlich im August stattfindet und rund 100 000 Besucher anzieht, ist nach dem irischen Wort für Spaß benannt. Drei Tage lang erfüllen Live-Musik mit Bands aus aller Welt und Straßenkünstler die Gassen Waterfords mit kunterbunter Karnevalsatmosphäre. ■ Termin und Programm: www.spraoi.com

11 Carrick-on-Suir

Schloss in schönster Lage, erbaut für eine Königin, die nie kam

■ Castle Park, Tel. 051/64 07 87, www.heritageireland.ie, tgl. 10–13.30, 14–18 Uhr, Eintritt frei

Ein Besuch des kleinen Städtchens im äußersten Südosten Tipperarys lohnt

Bierliebhaber werden den Rundgang durch Smithwick's Experience genießen

sich allein wegen Ormond Castle, Irlands einzigem Renaissance-Schloss. Die ursprüngliche Burg am Ufer des Flusses Suir wurde im 12. Jh. errichtet und 1315 von der wohlhabenden Butler-Familie erworben. Thomas Butler, 10th Earl of Ormond, verbrachte einige Jahre am Hof seiner Cousine Königin Elizabeth I. Zurück in Irland, ließ er das Schloss 1568 durch einen Anbau im elisabethanischen Stil erweitern und die Räume so renovieren und ausstatten, dass sie den Ansprüchen seiner prominenten Cousine gerecht werden würden, wenn sie zu Besuch käme. Ihr Versprechen, eines Tages nach Irland zu kommen, löste Elizabeth jedoch nie ein. Die Ormonds übergaben das Schloss, das weitgehend unverändert erhalten geblieben ist, 1947 dem irischen Staat.

Sehenswert sind die prächtigen Stuckarbeiten, die 35 m lange Bankethalle und die Long Hall mit Abbildern von Königin Elizabeth I.

12 Kilkenny

Mittelalterliches Stadtensemble, bekannt für ein quirliges Nachtleben

i Information

- Kilkenny Tourist Office, Shee Alms House, Rose Inn St., Kilkenny, Tel. 056/ 775 15 00, www.visitkilkenny.ie

Mehrmals erhielt das kleine Städtchen am Fluss Nore den Titel »sauberste Stadt Irlands«. Mit seinen mittelalterlichen Bauten und dem Labyrinth aus engen Gassen, Sträßchen und Treppen, dem majestätischen Schloss sowie zahlreichen Pubs, Cafés und Galerien ist Kilkenny der Touristenmagnet im Südosten. Berühmt wurde der Ort durch sein gleichnamiges Bier. Die alte Brauerei beherbergt heute den Besuchermagneten »Smithwick's Experience Kilkenny«. Berüchtigt sind die Kilkenny-Statuten. Sie wurden im

Jahr 1366 erlassen und untersagten Engländern und Iren, sich zu vermischen. Den aus der anglo-normannischen Oberschicht stammenden Bewohnern war es verboten, irisch zu reden, sich irisch zu kleiden oder den Volkssport Hurling zu betreiben. Mischehen galten als Hochverrat. Den Iren war es außerdem nicht gestattet, innerhalb der befestigten Stadtzentren zu leben. Noch heute gibt es in manchen Städten Irlands Quartiere, die als Irishtown bezeichnet werden – so in Kilkenny das Gebiet um die St. Canise's Cathedral. Wahrzeichen ist das Kilkenny Castle. Zwischen der Kathedrale und dem Schloss verläuft die Medieval Mile mit prachtvollen historischen Gebäuden, darunter Kirchen, Türme, ein Inn im Tudor-Stil, Gärten und eine Abtei.

Sehenswert

Kilkenny Castle

| Schloss |

Das Schloss war zwischen 1391 und 1935 Hauptsitz der mächtigen Butler-Familie. Als Heinrich II. von England Theobald Walter 1185 zum 1st Chief Butler of Ireland ernannte, änderte dieser seinen Namen in Butler. Sein Amt bestand darin, die Interessen der Krone gegenüber den Iren durchzusetzen. Dafür wurde er reichlich belohnt. Der Familie wurde im 14. Jh. der Grafentitel »Earl of Ormonde« verliehen, und von ihrem Stammsitz in Kilkenny stieg sie schnell zur einflussreichsten Familie in der Gegend auf. Allein im County Kilkenny besaßen die Butlers weitere 15 Schlösser.

Die Führung in dem monumentalen Prachtbau konzentriert sich auf die Long Gallery mit Porträts der vielen Butlers aus mehreren Jahrhunderten, prächtige Säle und Schlafgemächer. Ein Film zeigt die spannende Geschichte von Schloss und Familie. Der letzte Bewohner des Schlosses, James Arthur Butler, Marquis von Ormonde, verkaufte 1935 fast die gesamte Inneneinrichtung und verließ Kilkenny Richtung USA. Als die Schlossgebäude wegen Vernachlässigung zu verfallen drohten, überließ Butler das Schloss 1967 der Stadt für einen Symbolpreis von 50 Pfund.

■ Kilkenny Castle, The Parade, Collegepark, www.kilkennycastle.ie, März 9.30–17, April, Mai, Sept. 9.30–17.30, Juni–Aug. 9–17.30, Okt.–Feb. 9.30–16.30 Uhr, 8 €, erm. 4 €

Smithwick's Experience Kilkenny

| Museum |

7 *Erlebniswelt Brauerei – Geburtsstunde des Red Ale*

John Smithwick gründete 1710 auf dem Gelände der St. Francis Abbey die Brauerei Smithwick's und begann mit dem Brauen des Red Ale. Das braune Bier mit dem leichten Rotton gilt als ältestes Bier Irlands – sieht man von dem Bier ab, das die Mönche bereits 1231 in der Abtei brauten. Die Brauerei wurde 1965 von Guinness übernommen und Ende 2013 geschlossen. Seitdem wird das Kilkenny in Dublin gebraut. Aus der alten Brauerei wurde 2014 Smithwick's Experience, wo die Geschichte des berühmten Bieres erzählt wird (mit Audioguide auch auf Deutsch). Am Ende der Tour kann man ein frisch gezapftes Red Ale kosten.

■ Smithwick's Experience, 44 Parliament St., www.smithwicksexperience.com, März–Okt. tgl. 10–18, sonst 11–17 Uhr, Tour (bei Online-Buchung) 13 €, erm. 9 €

Restaurants

€€–€€€ | **Ristorante Rinuccini** Antipasti, Pasta, Meeresfrüchte, Fisch- und Fleischgerichte aus der italienischen Küche. Günstige Mittagsmenüs und Early Evening Set Menu Mo–Fr 17–19, Sa, So 17–18.30 Uhr. ■ 1 The Parade, Tel. 056/776 15 75, www.rinuccini.com, Mo–Sa 12–14.30, 17–22, So bis 21 Uhr

Einkaufen

Kilkenny Design Centre Auf zwei Ebenen werden Keramik, Kristallglas, Porzellan, Schmuck, Strickwaren und Textilien angeboten. In der angeschlossenen Food Hall gibt es neben kulinarischen Mitbringseln auch ein Restaurant. ■ Castle Yard, Tel. 056/772 21 18, www.kilkennydesign.com

Kinder

Castlecomer Discovery Park, 20 km nördl. von Kilkenny, in einem herrlichen Waldgebiet. Hochseilgarten und Tree Top Walk, interessantes Bergbau-Museum und viele andere nette Attraktionen für Kids. ■ Tel. 056/444 07 07, www.discoverypark.ie, Mo–Fr 9.30–17, Sa, So 10.30–17 Uhr, Park Eintritt frei

13 Cashel

Die majestätische Burgruine zählt zu den touristischen Highlights in Irland

Neben dem eindrucksvollen Rock of Cashel bietet das Städtchen Cashel (www.cashel.ie) mit dem Folk Village (Dominic St.) eine weitere interessante Sehenswürdigkeit, die mit dem harten

Einst uneinnehmbar, heute viel besucht: Cahir Castle (S. 108) im Fluss Suir

Alltag der irischen Landbevölkerung vertraut macht. Wer sich mehr für Irish Folk interessiert, wird das Brú Ború Cultural Centre (1 Rock Ln.) aufsuchen mit der sehenswerten Show »Sounds of History«.

Sehenswert

Rock of Cashel

| Burgruine |

Der Grund, weshalb Besucher in das kleine Städtchen strömen, ist der Kalksteinfelsen Rock of Cashel mit seinen Türmen und Festungen. Der Legende nach soll St. Patrick im Jahr 450 König Aenghus auf dem Felsen getauft haben. Im 4. Jh. war der Felsen Sitz einer Befestigungsanlage für die Könige der Provinz Munster aus dem Clan der Eóghanachta, die im 10. Jh. von Brian Boru aus dem O'Brien Clan verdrängt wurden. Boru ließ sich auf dem Felsen zum König von Munster krönen und machte Cashel zu seiner Hauptstadt. Die O'Briens schenkten den Felsen 1101 dem Bischof von Limerick. Man nimmt an, dass sie damit die Rückeroberung des Königssitzes durch die Eóghanachtas, die sich inzwischen Mac Carthy nannten, verhindern wollten. Cormac Mac Carthaigh, der erste Erzbischof von Cashel, ließ 1127 die kleine Kirche Cormac's Chapel errichten, die gotische Kathedrale, das größte Gebäude auf dem Felsen, entstand im 13. Jh., die Bischofsburg zwei Jahrhunderte später. Das 70 m hohe Hügelplateau bietet einen fantastischen Blick über die Landschaft rund um Cashel.
■ Rock of Cashel, www.heritageireland.ie, Mitte März–Anfang Juni tgl. 9–17.30, Anfang Juni–Mitte Sept. tgl. 9–19, Mitte Sept.–Mitte Okt. 9–17.30, Mitte Okt.–Mitte März 9.30–16.30 Uhr, 8 €, erm. 4 €

»Posing« vor dem berühmten Rock of Cashel

Restaurants

8 **€€€ | Chez Hans** 1968 eröffnete der Deutsche Hans-Peter Mathie das Restaurant mit französischer Küche in einer säkularisierten Presbyterianerkirche. Heute führt sein Sohn Jason das Zepter, der zu den kreativsten Köchen der Insel zählt. Nicht ganz günstig, aber den Preis wert. Di–Do gibt es von 18–21.30 und Fr von 18–19 Uhr ein günstiges Early Bird Menu.
■ Moore Ln., Tel. 062/611 77, www.chezhans.net, Di–Sa 18–22 Uhr

Cafés

Café Hans Das Menü im kleinen Ableger von Chez Hans ist um einiges günstiger, aber genauso lecker. ■ Rockside Moore Ln., Tel. 062/636 60, Di–So 11–18 Uhr

14 Cahir Castle

Als imposante Kulisse für Mittelalter-Filme sehr gefragt

■ Castle St., www.heritageireland.ie, März–Mitte Juni u. Sept.–Mitte Okt. tgl. 9.30–17.30, Mitte Juni–Aug. 9–18.30, Mitte Okt.–Feb. 9.30–16.30 Uhr, letzter Einlass 45 Min. vor Schließung, 5 €, erm. 3 €

In Cahir steht auf einer Felseninsel im Fluss Suir die größte und besterhaltene mittelalterliche Festung Irlands, Cahir Castle. Die Burg aus dem 12. Jh. ging 1375 an die wohlhabende Butler-Familie, die mit der anglo-normannischen Invasion nach Irland gekommen war. Im 16. und 17. Jh. wurde die Burg, die aufgrund ihrer massiven Festungsmauern als uneinnehmbar galt, mehrmals von irischen Rebellen besetzt. Als der letzte Lord Cahir 1961 starb, ging Cahir Castle an den Staat über. Die monumentale Burg wurde mehrmals von Filmproduktionen als Drehort ausgewählt. So wurde hier z.B. die Eröffnungsszene von »Excalibur« gedreht, in der Jugendserie »Mystic Knights« war sie die Burg von Kells, Stanley Kubrick nutzte sie für seinen Film »Barry Lyndon« und in dem Leinwandepos »Tristan und Isolde« war die Burg ebenfalls zu sehen. Eine audiovisuelle Show macht Besucher mit dem Leben der einstigen Burgbewohner vertraut.

Restaurants

€€ | **Galileo Café** Italienisches Restaurant mit leckeren Pasta-Gerichten, Pizza, Antipasti und Salaten. ■ Church St., Tel. 052/7445689, www.galileocafe.com, Mo–Sa 12–22, So 13–19 Uhr

15 Lismore

Einst Mittelpunkt der Gelehrsamkeit, heute berühmt für seine Schlossgärten

■ Lismore Heritage Centre, West St., Lismore, Tel. 058/54975, www.discoverlismore.com

Das 1200 Einwohner zählende Städtchen am Blackwater River wurde 635 vom hl. Mochuda als Klostersiedlung Lismore Abbey gegründet, war bald europaweit als Ort der Gelehrsamkeit bekannt und behielt seine Bedeutung bis ins 12. Jh. Als die Anglo-Normannen in Lismore einfielen, plünderten sie das Kloster und brannten es nieder. Auf den Ruinen ließ Prinz John, der spätere König von England, 1185 Lismore Castle errichten, das sich über einen Hang oberhalb des Flusses erstreckt. Die Gärten des Schlosses zählen zu den beliebtesten Attraktionen im County Waterford und sind der Grund, weshalb Besucher in den kleinen Ort kommen.

Sehenswert

Lismore Castle Gardens

| Park |

9 *Fred Astaire tanzte in den ältesten Gärten Irlands*

»Willst du ein paar Tage glücklich sein, gönne dir einen Rausch. Willst du dein Leben lang glücklich sein, gönne dir einen Garten«, so eine irische Gärtnerweisheit. Dieser Ansicht war auch der Engländer Richard Boyle, 1st Earl of Cork, der 1605 den oberen Garten anlegen ließ. Das Schloss ging im 18. Jh. durch Heirat an William Cavendish, Herzog von Devonshire, über und befindet sich bis heute im Besitz der Ca-

Ein erholsames Gartenparadies sind die liebevoll angelegten Lismore Castle Gardens

vendishs, die den unteren Garten im 19. Jh. mit Magnolien gestalten ließen. Rund um das Schloss, das sich oberhalb des Blackwater River erhebt, befinden sich auf 7 ha ein prachtvolles Blumen- und Blütenmeer aus Kamelien und Rhododendren, eine Eibenallee und zahlreiche moderne Skulpturen, darunter auch zwei Teile aus der Berliner Mauer. Der Westflügel des Schlosses beherbergt die 2015 von William Cavendish (*1969) eröffnete Galerie Lismore Castle Arts, die mehrmals jährlich zeitgenössische Kunst ausstellt. 1932 kam Hollywood nach Lismore Castle. Die Tänzerin und Schauspielerin Adele Astaire, Schwester des legendären Fred Astaire, heiratete Charles Cavendish, Sohn des 9. Herzogs von Devonshire, und lebte fortan auf dem Schloss. Ihr Bruder Fred war häufiger Gast und brachte andere Hollywoodgrößen mit in das verschlafene Städtchen. Die Cavendishs, Lord und Lady Burlington, leben in London und nutzen das Schloss nur gelegentlich. Lismore Castle wird deshalb wochenweise an Gruppen bis zu 27 Personen vermietet. So kostet eine Nacht für maximal 16 Gäste 7600 € – Butler und Koch sind inklusive!

■ Lismore Castle, www.lismorecastlegardens.com, Mitte März–Mitte Okt. tgl. 10.30–17.30 Uhr, 8 €, erm. 6,50 €. Beim Schloss kann man von Mo–Sa kostenlos auf dem Parkplatz seinen Wagen abstellen, So findet der Farmer's Market auf dem Platz statt, deshalb am besten im nahen Town Car Park parken.

Kneipen, Bars und Clubs

Foley's on the Mall In dem einladenden viktorianischen Pub mit offenem Kamin und Biergarten gibt es eine große Auswahl an Fisch- und Fleischgerichten, Fish & Chips, Burger, Tortillas, Sandwiches, vegetarisches Curry etc.

■ E Main St., Tel. 058/725 11, www.foleysonthemall.ie, tgl. 12.30–20.30 Uhr

16 Cork

Kulturmetropole und Feinschmeckerparadies

St. Fin Barre's Cathedral ist im Stil der französischen Gotik erbaut worden

Information

- Cork Tourist Office, Grand Parade, Cork, Tel. 021/425 51 00, www.discoverireland.ie
- Parken: siehe S. 112

Für viele Einwohner ist Cork die wahre Hauptstadt der Insel. Die zweitgrößte Stadt der Republik, im 17. Jh. Hochburg der Engländer, nennt sich »The Rebel City«, da sie im irischen Unabhängigkeitskampf als Rebellenhochburg eine entscheidende Rolle spielte. Mit zahlreichen Theatern, Galerien, einem Opernhaus etc. gilt Cork als Kulturmetropole. Nicht ohne Grund war sie 2005 europäische Kulturhauptstadt. Das architektonisch sehenswerte Stadtzentrum mit Häusern aus dem 18. und 19. Jh. wird von zwei Armen des River Lee eingefasst und wirkt dadurch wie eine Insel. Die wichtigsten Sehenswürdigkeiten liegen nah beieinander und sind gut zu Fuß erreichbar.

Sehenswert

1 English Market

| Markt |

Irische Delikatessen, Obst und Gemüse, Meeresfrüchte und Fisch, Backwaren, Käse, Kaffeespezialitäten aus aller Welt, Wein, Gewürze und allerlei Leckereien und Exotisches: Ein Bummel

durch die Korridore einer der ältesten Markthallen der Welt (1788) ist ein Fest für Gaumen und Nase. Selbst die Queen ließ es sich bei ihrem Irland-Besuch 2011 nicht nehmen, über den Markt zu schlendern. Besonders lecker sind die über 90 Biobrotsorten der Alternative Bread Company (Unit 22). Am Sandwich Stall (Unit 39) gibt es Sandwiches mit frischen Zutaten und Salate zum Mitnehmen. Im Zwischengeschoss über dem Markt befindet sich das Farmgate Café, das mit Zutaten vom Markt köstliche Gerichte auf die Teller zaubert.

■ Princess St., www.englishmarket.ie, Mo–Sa 8–18 Uhr

Plan S. 112

2 Elizabeth Fort

| Festung |

10 *Über den Dächern der Stadt – einzigartiger Blick über Cork*

1601 ursprünglich als Festung gebaut, beherbergte das Gebäude im Laufe der Jahrhunderte ab 1817 ein Frauengefängnis, im späten 19. Jh. die Kaserne der Cork City Artillery und von 1920–2013 eine Polizeistation. Allein die Sicht, die man von der Bastion des Forts über die Stadt hat, ist einen Besuch wert.

■ Barrack St., www.elizabethfort.ie, Di–Sa 10–17, So 12–17 Uhr, Eintritt frei

3 St. Fin Barre's Cathedral

| Kirche |

Die Mitte bis Ende des 19. Jh. zu Ehren des Stadtgründers, des hl. Finbarr, erbaute anglikanische Kirche, die das Stadtbild dominiert, weist neben ihren markanten drei Türmen wunderschöne Rosetten an der Fassade auf.

■ Bishop St., http://corkcathedral.webs.com, im Sommer Mo–Sa 9.30–17.30, So 12.30–17 Uhr, sonst kürzer, 6 €

ADAC *Wussten Sie schon?*

In der zweiten Hälfte des 19. Jh. befand sich in Cork der größte Buttermarkt der Welt. Das **Cork Butter Museum** informiert rund um das Buttergeschäft. Samstags um 12 Uhr dürfen Besucher bei der Butterherstellung zuschauen. *The Tony O'Reilly Centre, O'Connell Sq., Tel. 021/430 06 00, www.cork butter.museum, März–Okt. tgl. 10–17, Nov.–Feb. Sa, So 11–15 Uhr, 4 €, erm. 3 €*

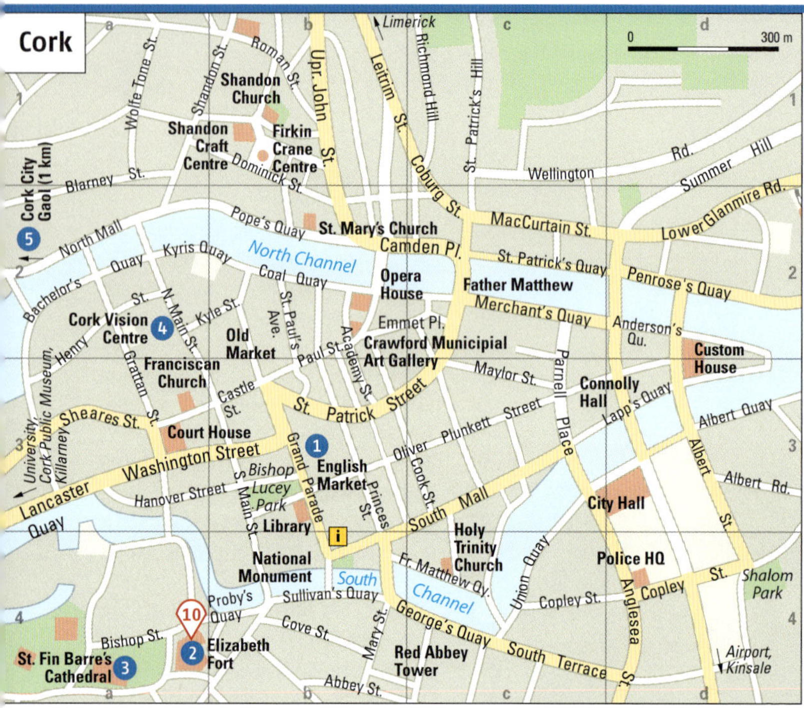

4 Cork Vision Centre

| Kulturzentrum |

Die ehemalige St. Peter's Church ist in ein lebendiges Kulturzentrum umgewandelt worden, das über die Stadtgeschichte informiert und einen Blick in die Zukunft wagt. Zudem werden interessante Wechselausstellungen gezeigt.

■ North Main St., www.corkvisioncentre.com, Di–Sa 10–17 Uhr, Eintritt frei

5 Cork City Gaol

| Museum |

Das Gebäude aus dem Jahr 1818 ähnelt eher einem Schloss als einem Gefängnis. Die in Szene gesetzten Insassen in den original ausgestatteten Zellen sind aus Wachs und sehen täuschend echt aus. Ein Audioguide (auch auf Deutsch) führt durch die Strafanstalt und erzählt spannende Geschichten über den damaligen Strafvollzug und die Sträflinge. Nach der Schließung des Gefängnisses 1924 zog Radio Éireann (heute RTÉ) ins Obergeschoss und blieb dort bis in die 1950er-Jahre. Heute befindet sich dort das National Radio Museum.

■ Convent Av., Sunday's Well, www.corkcitygaol.com, April–Sept. tgl. 9.30–17, sonst 10–16 Uhr, letzter Einlass 1 Std. vor Schließung, 8 €, erm. 7 €

P Parken

Im Zentrum gibt es mehrere Parkhäuser, viele schließen aber schon um 18/19 Uhr. Rund um die Uhr geöffnet hat der **Grand Parade Car Park,** Grand Parade,

von 7.30–24 Uhr **Paul's Street Car Park**, 12 St. Paul's Ave., Plan S. 112 b3 und b2.
■ Weitere Parkplätze: www.corkcity.ie

Restaurants

€€–€€€ | Café Paradiso Vegetarisches Restaurant, eines der besten der Stadt. »Pre Theatre Dinner Menu« Mo–Fr 17.30–18.30 Uhr. ■ 16 Lancaster Quay, Tel. 021/427 79 39, www.cafeparadiso.ie, Mo–Sa ab 17.30 Uhr, Plan S. 112 a3

Einkaufen

St. Patrick's Street An der quirligen Haupteinkaufsstraße liegen zahlreiche nette Geschäfte, in den Seitengassen locken kleine Cafés und Restaurants.

In der Umgebung

Kinsale Gourmet Festival Kinsale, die Gastronomiehauptstadt Irlands, 25 km südlich von Cork, ist seit über 40 Jahren Gastgeber des jährlichen Gourmetfestivals im Oktober. Elf Restaurants servieren während des zweitägigen Events das Beste, das Irlands Küche und der Atlantik zu bieten haben. ■ www.kinsalerestaurants.com

ADAC *Mittendrin*

Das **größte Jazz-Event Irlands** findet seit 1978 jährlich Ende Oktober in Cork statt. Während des viertägigen Festivals, zu dem mehr als 40 000 Jazz-Fans aus aller Welt strömen, spielen rund 1000 Musiker aus 20 Ländern, darunter zahlreiche Jazz-Größen. Zu den Interpreten gehörten schon Ella Fitzgerald und Dizzy Gillespie.
Infos: www.guinnessjazzfestival.com

17 Cobh

Hafenstadt am Cork Harbour, einst bedeutendster Transatlantikhafen Irlands

Information

■ Cobh Tourist Office, Market House, Casement Sq., Cobh, Tel. 021/481 33 01, www.visitcobh.com

Mit ihrer Hanglage, den steilen Straßen, den grellbunt gestrichenen Häusern und der von Palmen gesäumten Promenade könnte sich die Stadt ebenso gut irgendwo in Süditalien befinden. Dass der Ort auf Great Island einst der wichtigste Transatlantikhafen Irlands war, merkt man auf Schritt und Tritt. Cobh war der Hafen, der 1838 mit der Sirius die Ära der Dampfschifffahrt über den Atlantik einleitete. Der Dampfer erreichte nach 18 Tagen New York. 2,5 Mio. Iren verließen von hier zwischen 1848 und 1950 ihre Heimat in der Hoffnung auf ein besseres Leben in Nordamerika. 1912 war der Hafen letzter Stopp der Titanic, bevor sie der Katastrophe entgegenfuhr. Dem Ozeanriesen sind ein Museum sowie eine Ausstellung im Heritage Centre gewidmet. Auf einem Kliff über der Stadt thront die Colman's Cathedral, die 1915 nach 47 Jahren Bauzeit vollendet wurde. Sie ist die zweitgrößte Kirche der Republik Irland und besitzt das einzige Glockenspiel der Insel. Great Island ist durch Brücken mit dem Festland verbunden.

Sehenswert

Cobh Heritage Centre

| Museum |

Vor dem Gebäude des ehemaligen viktorianischen Bahnhofs steht eine

Skulptur von Annie Moore, der ersten offiziellen Einwanderin auf Ellis Island, Sitz der 1892 neu eröffneten Einreisebehörde in New York. In der multimedialen Ausstellung im Museum erfährt man mehr über Annie Moore und die große Auswanderungswelle ab 1848. Mit lebhaften Schilderungen unterstützt ein Audioguide die lebensnahen Darstellungen der Bedingungen an Bord der dritten Klasse früher Emigrantenschiffe. Anhand von Einzelschicksalen erhalten Besucher einen Einblick in die Jahre der großen Hungersnot und hören Geschichten über die Sträflingsschiffe, die zwischen 1791 und 1853 39 000 Strafgefangene von Cobh aus in die britischen Kolonien nach Australien deportierten. Eine Ausstellung ist Exponaten der Titanic gewidmet, eine andere dem Untergang des Passagierschiffes Lusitania, das am 7. Mai 1915 vor Cobh von einem deutschen U-Boot versenkt wurde.

■ Cobh Heritage Centre, Kilgarvan, www.cobhheritage.com, 1. Mai–31. Okt. tgl. 9.30–18, 1. Nov.–30. April tgl. 9.30–17 Uhr, 9,50 €, erm. 8 €

Titanic Experience

| Museum |

(11) *Letzter Stopp der Titanic vor der Katastrophe*

In dem Gebäude an der Uferpromenade befand sich einst die Fahrkartenverkaufsstelle der White Star Line, der die Titanic gehörte. Dahinter liegt noch das Original-Pier, von dem die Zubringerschiffe ablegten. Am 11. April 1912 ließen sich von hier aus die letzten 123 Passagiere an Bord der Titanic bringen. Das Eintrittsticket ist die Kopie eines Original-Fahrscheins der Titanic mit dem Namen eines Passagiers, der hier damals an Bord ging. In der sehr lebendigen Führung mit Videos und Ausstellungsstücken der Titanic erfährt man viel zum Klassensystem an Bord, das bereits am Pier begann, und kleine Anekdoten zu den Passagieren. Am Schluss der Tour kann man nachlesen, ob die Person, deren Name auf dem Eintrittsticket steht, die Schiffskatastrophe überlebt hat.

■ Titanic Experience Cobh, 20 Casement Sq., www.titanicexperiencecobh.ie, tgl. 9–18, 1. Okt.–31. März 10–17.30 Uhr, letzter Einlass 1 Std. vor Schließung, 9,50 €, erm. 8 €

Kinder

Fota Wildlife Park Seltene Primaten und exotische Wildtiere, die dank großer Gehege viel Bewegungsfreiheit genießen, begeistern kleine wie große Besucher. Der Zoo liegt 6 km nördlich von Cobh. ■ Fota Wildlife Park, https://www.fotawildlife.ie, mit Cork Hopper Bus oder Hop-on-Hop-off-Tour ab Cork, Mo–So 10–18 Uhr, 16,50 €, erm. 12 €

18 Baltimore und Cape Clear Island

Der Hafen zur südlichsten bewohnten Insel Irlands

Information

■ Tourist Information, North Harbour, Clear Island, Tel. 028/391 10, www.capeclearisland.ie

Das Fischerdorf Baltimore mit weniger als 400 Einwohnern, das auf der Spitze einer in den Atlantik ragenden Landzunge liegt, ist einer der südlichsten Orte Irlands. Oberhalb des Hafens liegen die Ruinen des O'Driscoll Castle, einst Trutzburg des Piratenclans O'Driscoll. Die Nachfahren der Seeräuber treffen sich jedes Jahr im Juni in Baltimore und auf Cape Clear Island zum dreitägigen O'Driscoll Clan Gathering.

Wer nach Baltimore kommt, ist meistens auf der Durchreise zu den Inseln. Cape Clear Island liegt 45 Schiffsminuten vom Ort entfernt. Die ca. 5 km lange und 2 km breite Insel gehört zu den Gaeltacht-Regionen, in denen Irisch die offizielle Sprache ist. Berühmt ist sie für ihre herrliche Naturlandschaft, einsame Buchten und das Vogelschutzgebiet mit Bird Observatory, das regelmäßig ornithologische Führungen anbietet. Seit 1994 findet hier zudem jährlich Anfang September das International Storytelling Festival statt. Im Heritage Center wird die Geschichte der Insel erzählt, Exponate aus Seefahrt und Fischfang werden gezeigt sowie Strandgut aus der Lusitania-Katastrophe von 1915, bei der fast 1200 Menschen ihr Leben verloren.

Rund 7 km südwestlich der Insel befindet sich der Fastnet Rock mit dem höchsten Leuchtturm Irlands. Von den Emigranten im 19. Jh. wurde der Fels wehmütig »Ireland's Teardrop« (Irlands Träne) genannt, denn er war das Letzte, was sie vom Schiff aus von ihrer alten Heimat sahen.

■ Infos und Programm zum Storytelling Festival: www.capeclearstorytelling.com. Heritage Centre: www.capeclearisland.ie

Verkehrsmittel

Eine Fähre bringt Besucher mehrmals täglich nach Cape Clear Island. Bei Ankunft des Schiffes warten am Hafen Inselbus und Taxi. Info, Fahrplan und Ticketbuchung: www.cailinoir.com.

Von Cobh aus legte die Titanic 1912 ein letztes Mal ab, bevor sie sank

Restaurants

€ | **Cotters Bar** Das südlichste Pub Irlands serviert neben dem Pint auch schmackhaftes Mittag- und Abendessen – bei Sonne auf der Terrasse mit Blick auf den Hafen, bei Schmuddelwetter am gemütlichen offenen Kamin.
■ North Harbour, Tel. 028/391 53

Erlebnisse

Wale und Delfine hautnah Ab April starten zweimal täglich am Hafen von Baltimore vierstündige Walbeobachtungstouren. Zu sehen sind Buckel-, Finn- und Zwergwale sowie Delfine. ■ Whale Watch Westcork, Tel. 086/120 00 27, www.whalewatchwestcork.com, 50 € pro Pers.

Übernachten

Im Süden Irlands wurden einige der schönsten Herrenhäuser und Schlösser in hübsche Hotels und B&Bs verwandelt, die außerhalb der Sommersaison (Juli/August) gar nicht mal so teuer sind. Da bietet es sich geradezu an, einmal »nobel« zu übernachten. Die Websites manorhousehotels.com und celticcastles.com geben einen guten Überblick über Unterkünfte in solch historischen Häusern. Tipp für Cork-Besucher: Buchen Sie eine Unterkunft im nahe gelegenen, aber weitaus ruhigeren Städtchen Cobh! Mit dem Zug ist man von hier in 24 Minuten in der Südwestmetropole.

Wexford 100

€–€€ | **Abbey House** Nettes B&B im Zentrum. ■ 34-36 Abbey St., Tel. 053/9124408, www.abbeyhouse.ie

€–€€ | **Faythe Guest House** Historisches Haus am südlichen Stadtrand. ■ Swan View, Tel. 053/9122249, www.faytheguesthouse.com

Waterford 102

€€ | **Granville Hotel** Wunderschönes Hotel mit viel Mahagoni und Stuck, jedes Zimmer ist anders eingerichtet. Zentrumslage. ■ Meagher's Quay, Tel. 051/305555, www.granville-hotel.ie

Carrick-on-Suir 103

€ | **The Carraig Hotel** 3-Sterne-Haus mit hellen, freundlichen Zimmern, hauseigenem Restaurant und Bar. ■ Main St., Carrickbeg, Tel. 051/641455, www.carraighotel.com

Kilkenny 104

€ | **Fanad House B&B** Preisgünstiges Guesthouse in der Nähe des Schlossparks. Saubere Zimmer mit eigenem Bad, großes irisches Frühstück, WLAN, Parkplatz. ■ Castle Rd., Tel. 056/7764126, www.fanadhouse.com

€€ | **Kilkenny Ormonde Hotel** Das Hotel liegt im Zentrum in der Nähe von Kilkenny Castle und verfügt über ein Fitness-Studio mit Pool (21 m), Whirlpool, Sauna und Massageraum. ■ Ormonde St., Tel. 056/7750200, www.kilkennyormonde.com

€€–€€€ | **Mount Juliet** Das wunderschöne Herrenhaus (32 Zi.) aus dem 18. Jh. liegt versteckt in einem 600 ha großen Park mit Golfanlage 19 km südöstlich von Kilkenny. ■ Mount Juliet Estate, Thomastown, Tel. 056/7773000, www.mountjuliet.ie

Cashel 106

€ | **Baileys Hotel** Günstiges 4-Sterne-Haus im Herzen von Cashel. Charmante Zimmer, exzellentes Restaurant. ■ 42 Main St., Tel. 062/61937, www.baileyshotelcashel.com

Cahir 108

€ | **Kilcoran Lodge** Das Hotel im viktorianischen Stil wurde im 19. Jh. als Jagdhaus für den Earl of Glengall errichtet. Es liegt inmitten der Natur, 6 km außerhalb von Cahir an den Ausläufern der Galltee Mountains. Gemütliche Zimmer, Lobby mit Kamin. ■ Kilcoran, Tel. 052/744 12 88, www.kilcoranlodge.net

Lismore 108

€€ | **Ballyrafter Country House Hotel** Das schmucke Landhaus aus dem frühen 18. Jh. liegt weniger als 10 Min. Fußmarsch vom Zentrum Lismores entfernt. Gemütliche Zimmer, hauseigenes Restaurant. ■ Ballyrafter, Tel. 058/540 02, www.ballyrafterhouse.com

Cork 110

€€ | **Ambassador Hotel** Das Hotel im viktorianischen Stil liegt nur wenige Gehminuten vom Zentrum entfernt. Gemütliche Hotelbar und Restaurant mit vielen Bücherregalen, großes Frühstücksbuffet. Blick auf Altstadt und Hafen. ■ Military Hill, Tel. 021/453 90 00, www.ambassadorhotel.ie

€€ | **The Metropole Hotel** Die Zimmer des schmucken Backsteinbaus mit Türmchen und Erkern aus der Zeit der Jahrhundertwende bieten z.T. einen herrlichen Blick über den Fluss. Fitnesscenter, Pool, Sauna. ■ Mac Curtain St., Tel. 021/464 37 00, www.themetropolehotel.ie

Cobh 113

€€ | **Robin Hill House** Das B&B in einem alten Pfarrhaus liegt auf einem Hügel mit schönem Blick über den Hafen. Wunderschöne Zimmer, reichhaltiges Frühstück, auf Wunsch auch vegan. ■ Lake Rd., Rushbrooke, Cobh, Tel. 021/481 22 22, www.robinhill.ie

Baltimore und Cape Clear Island 114

€ | **Channel View B&B** Gemütliche Zimmer, herzlicher Gastgeber und köstliches Frühstück. ■ Church Strand, Baltimore, Tel. 028/204 40, www.channelviewbb.com

ADAC *Das besondere Hotel*

Galley Head Lightkeeper's House
Eine außergewöhnliche Übernachtungsadresse ist das Haus des Leuchtturmwärters – auf einer Klippe 130 m über dem tosenden Atlantik mit Blick auf den St. George's Channel! Das sehr schön und gemütlich eingerichtete Haus mit dunklen Holzdielen besteht aus Wohnzimmer, zwei Schlafzimmern, Küche und Bad. Verpflegen muss man sich selbst – aber wann sitzt man schon mal in einer Küche mit Blick auf den Atlantik?
€€€ | Galley Head, Clonakilty, Tel. 01/670 47 33, www.irishlandmark.com

Die Westküste und die einsamen Midlands

Auf dem Wild Atlantic Way geht es entlang der Küste, Abstecher in die Midlands führen z. B. nach Clonmacnoise, einem frühchristlichen Juwel

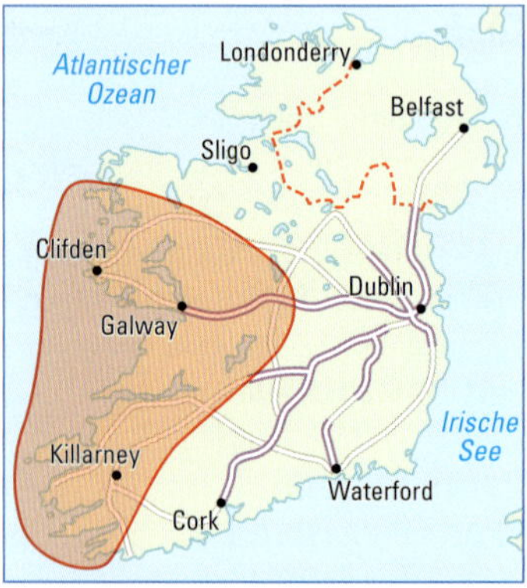

Im Westen der Republik beginnt der spektakulärste Teil Irlands. Mit schroffen Klippen, einsamen Buchten, langen Sandstränden, Halbinseln, die wie Finger in den tosenden Atlantik hinausragen, und atemberaubenden Küsten- und Panoramastraßen ist ganz besonders die Südwestküste Irlands Besuchermagnet schlechthin.

Die dünn besiedelten Midlands sind von Wasserwegen durchzogen und beheimaten mit Clonmacnoise eines der größten frühchristlichen Monumente Irlands. In Birr, dem attraktivsten Städtchen im County Offaly, lockt der Leviathan, einst das größte Teleskop der Welt. Entlang der gesamten Südwest- und Westküste erstreckt sich bis hinauf in den Norden der Wild Atlantic Way. Die Küstenstraße umfasst Attraktionen wie den Ring of Beara, Ring of Kerry, den Mönchsfelsen Skellig Michael, die Aran Islands mit der Hauptinsel Inishmore und Tory Island, das letzte »Königreich« Irlands.

In diesem Kapitel:

ADAC Top Tipps:

4 Ring of Kerry
| Panoramastraße |
Die 180 km lange Küstenstraße rund um die Halbinsel Iveragh bietet zahlreiche Panoramablicke und ist eine der schönsten Europas. ... 122

4

5 **Cliffs of Moher**
| Steilküste |
Die spektakulären Klippen, die bis zu 200 m senkrecht aus dem tosenden Atlantik ragen, zählen zu den eindrucksvollsten Naturlandschaften Irlands. 132

6 **Birr Castle Telescope**
| Teleskop |
Der gigantische Leviathan war einst das größte Teleskop der Welt und versetzt auch heute noch technikbegeisterte Besucher in Staunen. 133

7 **Dun Aengus, Inishmore**
| Festung |
Das Fort aus der Eisenzeit liegt an der Kante einer Steilklippe, die 100 m tief in den Atlantik stürzt. 140

ADAC Empfehlungen:

12 **Healy Pass, Halbinsel Beara**
| Panoramastraße |
Die Gebirgsstraße führt quer über die Halbinsel Beara und bietet traumhafte Blicke über Berge und Seen. 122

13 **The Moorings Guesthouse and Restaurant, Portmagee**
| Restaurant |
Es war 2014 eine Woche lang das Produktionsbüro von »Star Wars: Episode VII – Das Erwachen der Macht«. 125

14 **Kylemore Abbey, Connemara**
| Kloster |
Märchenschloss in romantisch-verwunschener Lage am See. 142

15 **E. J. King's Bar and Restaurant, Clifden**
| Restaurant |
Eines der typischsten irischen Pubs mit traditioneller Live-Musik. 143

16 **Westport House**
| Museum |
In dem prächtigen Herrenhaus leben die Nachfahren der Piratenkönigin Grace O'Malley. 144

17 **Deserted Village, Achill Is.**
| Ruinenlandschaft |
Heinrich Böll hat das Dorf in seinem »Irischen Tagebuch« verewigt. 147

Eine wahre Schatztruhe ist das Bantry House mit herrlichem Blick auf die Bucht

19 Bantry

Stadt der Muscheln und Austern – eingerahmt von den Caha Mountains

Information

■ Bantry Community Tourist Office, Wolfe Tone Sq., Tel. 027/502 29, www.visitbantry.ie

Das kleine Städtchen an der tief eingeschnittenen Bantry Bay ist berühmt für seine zahlreichen Austernbänke und Miesmuschelfarmen, deren Produkte im gesamten County Cork auf den Speisekarten der Restaurants stehen. Mittelpunkt des Ortes ist der Wolfe Tone Square mit Statuen des hl. Brendan und von Wolfe Tone, Gründungsmitglied der United Irishmen und Anführer der Irischen Rebellion 1798, der 1796 hier anlandete. Freitags findet auf dem Platz ein Markt statt, auf dem neben Lebensmitteln auch Kunsthandwerk angeboten wird.

Sehenswert

Bantry House

| Landhaus |

Die Besucherattraktion von Bantry ist das Bantry-House mit seinem prächtigen, im italienischen Stil angelegten Garten. Das schlossähnliche Landhaus oberhalb der Bucht wurde um 1720 errichtet und ist seit 1765 Wohnsitz der Familie White, aus welcher 1818 der 1st Earl of Bantry hervorging. Der 2nd Earl of Bantry, Reisender und Kunstsammler, brachte von seinen Reisen kostbare Teppiche, Gemälde und Möbel mit, die sich noch heute im Haus befinden. Tatsächlich trug er so viele Schätze zusammen, dass das Haus mit einem Anbau erweitert werden musste. Die Familie hat das Haus 1946 für die Öffentlichkeit geöffnet und den Ostflügel 1987 in ein B&B umgebaut. Auch ein nettes Café ist vorhanden.

■ Bantry House & Garden, www.bantryhouse.com, Mitte April–Okt. Di–So 10–17, Juni–Aug. tgl. 10–17 Uhr, 11 €, erm. 8 €

Restaurants

€€–€€€ | O'Connors Seafood Restaurant Leckere Fischgerichte, Austern und Muscheln aus der Bantry Bay. ■ Wolfe Tone Sq., Tel. 027/556 64, www.oconnorseafood.com, Mo–Do ab 17, Fr–So ab 13 Uhr

20 Glengarriff

Hier herrschen die mildesten Wintertemperaturen Irlands

Information

■ Tourist Information, Main St., Glengarriff, Tel. 027/630 84, www.glengarriff.ie

Dank seiner Lage an einer geschützten Bucht, eingerahmt von hohen Bergen, und nicht zuletzt wegen des warmen Golfstroms punktet der 800 Einwohner zählende Ort im Osten der Beara-Halbinsel mit den mildesten Wintertemperaturen des Landes und seiner subtropischen Vegetation. Bereits im 19. Jh. war Glengarriff ein beliebter Ferienort der britischen Oberschicht. Besuchermagnet ist die vorgelagerte, 1,5 km entfernte Blumeninsel Garnish Island in der Bantry Bay mit italienischen und japanischen Gärten voller blühender Blumen, Statuen, und Säulengängen, einem Martello-Turm und Lilienteich sowie zahlreichen tropischen und subtropischen Pflanzen. Der Shuttle Service der Garnish Island Ferry fährt alle 30 Minuten vom Pier in Glengarriff, an Robbenbänken vorbei, hinüber zur Insel.

■ Gardens at Garnish Island: www.garnishisland.com, April, Mai tgl. 10–17.30, Juni Mo–Fr u. So 10–17.30, Sa 10–18, Juli, Aug. Mo–Fr u. So 9.30–17.30, Sa 9.30–18, Sept., Okt. tgl. 10–17.30 Uhr

21 Halbinsel Beara

Raue Landschaft mit steilen, zerklüfteten Küsten und tiefen Schäreneinschnitten

Information

■ Beara Tourism, Main Sq., Castletownbere, Tel. 027/700 54, www.bearatourism.com

Rund um die Halbinsel führt die 140 km lange Panoramaküstenstraße Ring of Beara. Sie beginnt in Glengarriff und schlängelt sich zwischen schroffen Felsbuchten und Stränden nach Castletownbere. Da große Ausflugsbusse und schwere Wohnmobile die engen und kurvigen Straßen nicht befahren dürfen, ist sie nicht so frequentiert wie der bekanntere Ring of Kerry, steht diesem aber in nichts nach.

ADAC *Mobil*

Dursey Cable Car
Das kleine Eiland mit einer Handvoll Einwohnern, das durch den Dursey-Sund getrennt 230 m vor der Beara-Halbinsel liegt, besitzt die einzige Seilbahn Irlands. Sie ist zur Beförderung von drei Personen und einer Kuh zugelassen und die einzige Seilbahn in Europa, die ein Stück über das offene Meer fährt. Theoretisch ist die Bahn täglich ab 9.30 Uhr mehrmals in Betrieb, manchmal können aber Wind und Wetter, Wartungsarbeiten oder Viehtransport die Fahrt verhindern. Übrigens: Ohne Kuh bietet die Kabine Platz für sechs Personen. Die Seilbahnstation befindet sich in Ballaghboy.
Fahrplan: www.durseyisland.ie

Hauptort von Beara ist Castletownbere. Das Hafenstädtchen, nach Sydney der zweitgrößte Naturhafen der Welt und der größte Fischereihafen Irlands, ist multikulturell geprägt. Auf dem Main Square steht ein Hochkreuz der IRA zum Gedenken an die Frauen und Männer des Berehaven Battalion, die 1916–23 für die Irische Republik kämpften. Viele Sehenswürdigkeiten gibt es nicht, denn der Ort entstand erst im 19. Jh. mit der Eröffnung der Kupfermine in Allihies im Südwesten der Halbinsel, die über 1000 Arbeitskräfte in die Gegend brachte. Die Mine schloss 1962. Hinweisschilder beim Ort führen zu den alten Minen, in denen ab 1812 Kupfer abgebaut wurde.
Südlich von Allihies liegt die einsame Ballydonegan Bay mit dem schönsten Sandstrand von Beara.

Sehenswert

Allihies Copper Mine Museum

| Museum |

Das Museum ist in einer Methodistenkirche untergebracht, die im Jahre 1845 für die Minenarbeiter gebaut wurde. Die Dauerausstellung informiert nicht nur über die Geschichte der Minen in der Umgebung, sondern über die Geschichte des Kupferbergbaus im Allgemeinen.

■ Allihies Village, www.acmm.ie, an der R575, in der Nähe des Seaview Guest House. Ostern–Okt. tgl. 10.30–17 Uhr, 6 €, erm. 3 €

Healy Pass

| Panoramastraße |

12 *Auf Serpentinen über die Halbinsel – Traumblicke inklusive*

Einer der schönsten Abschnitte des Ring of Beara ist der Healy Pass über die Caha Mountains. Die 12 km lange Gebirgsstraße windet sich auf 330 m Höhe hinauf und führt quer über die Halbinsel. Unterwegs bietet sich ein atemberaubender Blick über Berge, romantische Seen und jede Menge Schafe.

■ Von Norden nach Süden ab Lauragh, von Süden nach Norden ab Adrigole

Kneipen, Bars und Clubs

MacCarthy's Bar Seit der Autor und Comedian Pete McCarthy dem Pub 1998 mit seinem Buch »McCarthy's Bar« ein Denkmal gesetzt hat, ist die Bar weltberühmt. Wer nach Castletownbere kommt, kehrt hier ein. In dem urigen, 1860 gegründeten Pub kommt man sehr schnell ins Gespräch.

■ The Square, Castletownbere, Tel. 027/700 14, www.maccarthysbar.com

22 Ring of Kerry

4 *Berühmte Panoramaküstenstraße rund um die Halbinsel Iveragh*

Die Rundfahrt auf der 180 km langen Küstenstraße startet ab Killarney üblicherweise entgegen dem Uhrzeigersinn. In den Sommermonaten sind allerdings sehr viele Reisebusse unterwegs, weshalb es Sinn macht, den Ring of Kerry dann im Uhrzeigersinn zu befahren. Ansonsten zuckelt man ständig hinter Bussen her und ist mit Ausweichmanövern beschäftigt. Richtung Westen, vorbei am von Bergen umrahmten Lough Leane, ist das erste Ziel der kleine Ort Killorglin. Bei Glenbeigh liegt unten an der Küste der feinsandige Dünenstrand Rossbeigh Beach auf einer 3 km langen Landzunge. Zurück auf der Hauptroute N70 geht es in südwestlicher Richtung durch eine hügelige Landschaft mit steilen Berghängen nach Cahersiveen, dem Geburtsort von »Liberator« Daniel O'Connell. Etwa 3 km weiter führt ein Abstecher nach Portmagee und Valentia Island, wo die Schiffe nach Skellig Michael ablegen. Auf der südlichen Halbinsel lohnt sich eine Fahrt über den Coomakista Pass nach Caherdaniel an der malerischen Derrynane Bay. Dort bietet sich ein Stopp im Derrynane House an, der einstigen Residenz von Daniel O'Connor. Nördlich des Ortes liegt das Staigue Fort, das besterhaltene prähistorische Ringfort Irlands. Letzte Station vor dem Ausgangspunkt Killarney ist der Ort Kenmare, der sowohl am Ring of Kerry als auch am Ring of Beara liegt.

Sehenswert

Killarney National Park

| Nationalpark |

Dank der beliebten Panoramaküstenstraße direkt vor der Haustür gibt es lediglich in Dublin mehr Hotelbetten als in Killarney. Hauptattraktion ist der Killarney National Park, der sich über ein Gebiet von über 100 km² erstreckt. Er umfasst Berge, Wälder, darunter einen der ältesten Eichenwälder Irlands, sowie die drei Seen Lough Leane mit der Klosterinsel Innisfallen, Muckross Lake und Upper Lake. Aufgrund des vom Golfstrom beeinflussten milden Klimas wachsen im Park wilder Rhododendron und Erdbeerbäume. Besucherattraktion ist das Muckross House. Das prächtige Herrenhaus wurde in der Mitte des 19. Jh.s am Ufer des Muckross Lake für den anglo-irischen Politiker Henry Albert Arthur im Tudor-Stil errichtet. Berühmtester Übernachtungsgast war Queen Victoria 1861. Letzter Besitzer des Hauses war der Amerikaner William Bowers Bourn. Die hohen Unterhaltskosten für das Anwesen und hohe Steuern bewogen ihn 1932 dazu, das Haus samt Ländereien dem irischen Staat zu schenken. Dieser führte das Anwesen als Bourn Memorial Park weiter und machte es für die Öffentlichkeit zugänglich. Mit weiterem Landzukauf des Staates entstand der Killarney National Park, der erste Nationalpark Irlands.

■ Muckross House, Killarney National Park, www.muckross-house.ie, Juli, Aug. tgl. 9–19, Sept.–Juni 9–17.30 Uhr, letzter Einlass 1 Std. vor Schließung, 9 €; Killarney National Park: www.killarney nationalpark.ie, Eintritt frei

Cahersiveen

| Ort |

Das Dorf ist stolz darauf, dass hier 1775 der Politiker und Kämpfer für die Rechte der Katholiken, Daniel O'Connell, geboren wurde. Schilder weisen zu seinem Geburtshaus am Ostufer des Carhan River, von dem heute nur noch ein paar eingestürzte Wände übrig sind. Auf der gegenüberliegenden Flussseite steht eine Büste O'Connells in einem Park. In dem ehemaligen Militärgebäude The Old Barracks, das von den Engländern in den 1870er-Jahren errichtet wurde, befindet sich ein Heritage Centre, in dem zwei Etagen Daniel O'Connell gewidmet sind.

■ Old Barracks, Heritage Centre, Bridge St., www.oldbarrackscahersiveen.com, 4 €, erm. 2 €

Portmagee

| Ort |

Portmagee war ein verschlafener Ort, bis 2014 das Produktionsteam von »Star Wars« auftauchte und Moorings

Herrliche Ausblicke, wie hier im Killarney National Park, bieten sich in Irland oft

Guesthouse in Beschlag nahm. Die Schlussszene von Star Wars Episode VII »Das Erwachen der Macht« sollte auf Skellig Michael gedreht werden. Seither ist der Ort, von dem auch die Boote nach Skellig Michael ablegen, ein Hotspot für Fans aus aller Welt.

Valentia Island

| Insel |

In Sichtweite liegt Valentia Island, das mit Portmagee über eine Brücke verbunden ist. 1858 wurde von der Insel das erste Transatlantikkabel nach Amerika verlegt. 100 Jahre lang verlief die gesamte Telekommunikation mit Nordamerika über Valentia Island. Das kleine Valentia Heritage Museum zeigt eine Ausstellung dazu.

An der Nordküste befindet sich mit dem Tetrapod Trackway der älteste Nachweis von Tierspuren an Land – vor rund 385 Mio. Jahren ist hier ein Vierfüßler aus dem Meer entstiegen und an Land gegangen!

Skellig Michael

| Kloster |

Auf dem schroffen Felsen, der 12 km vor Portmagee steil aus dem Meer ragt, befindet sich das am schwersten zugängliche Kloster Irlands. Fast 700 Stufen führen hinauf zu dem Plateau, auf dem zwei bootsförmige Kapellen, Grabsteine und Kreuze sowie eine Anzahl von »Bienenkorbhütten«, in denen einst die Mönche hausten, stehen. Die Mönchssiedlung wurde zwischen dem 6. und 8. Jh. gegründet und bestand bis zum 12. Jh. Seit dem Jahre 1996 gehört der Felsen zum UNESCO-Weltkulturerbe.

Bis die Insel zum Drehort für die Schlussszene des Star Wars Films »Das Erwachen der Macht« wurde, hat die schlechte Zugänglichkeit und Abgeschiedenheit des Felsens große Besucheranstürme verhindert. Seit Erscheinen des Films sind die Besucherboote schon Wochen im Voraus ausgebucht Die Überfahrt auf dem kleinen Boot für maximal 13 Personen ist selbst bei ruhiger See rau. Es gibt keine richtige Bootsanlegestelle, sodass das Aussteigen mit einem Sprung auf die Felsen nicht ganz ungefährlich ist. Die steilen Treppen, die von den Mönchen selbst angelegt wurden, sind ausgetreten und verwittert. Ein Geländer gibt es nicht, und zur rechten Seite fällt der Fels steil zum Meer ab. Gute Wanderschuhe und Kondition sind ein Muss. Selbst Jedi-Ritter Luke Skywalker alias Mark Hamill rutschte während der Dreharbeiten auf den Stufen aus. Bei schlechtem Wetter entfällt die Tour. Eine Ausstellung zu Skellig Michael gibt es im The Skellig Experience Visitor Centre auf Valentia Island.

■ Casey's Skellig Island Tours, The Marina, Portmagee, Touren von Mai bis Anf. Okt., www.skelligislands.com, ca. 35–40 €, Buchung nur über die Website möglich

Derrynane House

| Museum |

Der prächtige Landsitz entstand um 1650 für die wohlhabende O'Connell-Familie, die ihr Vermögen mit Schmuggel machte. Daniel O'Connell entsprang dem ärmeren Zweig der Familie, wurde jedoch von seinem Onkel Maurice O'Connell adoptiert, wuchs im Derrynane-Haus auf, erbte es 1825 und nutzte es als Landsitz und Sommerresidenz. Er fügte dem Gebäude den Südflügel und den mit Zinnen versehenen Bibliotheksflügel hinzu. Derrynane House war bis 1948 in Familienbesitz und ist seit 1967 Museum. Ein Video zu Beginn der Tour erzählt die Lebensgeschichte des irischen Nationalhelden.

■ Derrynane House (auf der N70, 3 km westlich von Caherdaniel), www.derrynanehouse.ie, März–Sept. tgl. 10–17.15 Uhr, letzter Einlass 16.30 Uhr, 5 €, erm. 3 €

Restaurants

13 **€€–€€€ | The Moorings Guesthouse and Restaurant** Fangfrischer Fisch, Seafood, Fleischgerichte und Vegetarisches stehen auf der Karte. Zum Restaurant mit Hafenblick gehört die preisgekrönte Bridge Bar. Oft Live-Musik. ■ Portmagee, Tel. 066/947 71 08, www.moorings.ie, Mo geschl.

Kinder

Kutschfahrt durch den Killarney National Park Eine Kutschfahrt durch den Park mit drei Seen, einem der ältesten Eichenwälder Irlands und einem Schloss ist ein ganz besonderes Erlebnis für Kinder. ■ http://killarneyjauntingcar.rezgo.com, ab 15 € pro Pers.

23 Halbinsel Dingle

Steile Klippen, malerische Buchten, Sandstrände und prähistorische Funde

Information

■ Dingle Tourist Office, The Quay, Dingle, Tel. 066/915 11 88, www.discoverireland.ie

Besonders in ihrem Westteil, der Landzunge Slea Head, ist die 48 km lange bergige Halbinsel von prä- und frühhistorischen Denkmälern übersät. Die prachtvollste Küstenstraße ist der 30 km lange Slea Head Drive mit atemberaubenden Panoramablicken. Spektakulärer wird es auf Irlands höchster Passstraße, dem 456 m hoch gelegenen Connor Pass, der quer über Dingle führt und eine traumhafte Aussicht über die Halbinsel bietet. Vor der Westküste liegen die unbewohnten Blasket Islands. Auf Dingle befinden sich Irlands schönste Strände: der 5 km lange Inch Beach im Osten und der Coumeenole Beach im Westen in einer Nische des Slea Head. Dank hoher Klippen ist der feine Sandstrand vor Winden geschützt.

ADAC *Wussten Sie schon?*

Der **Inch Beach** diente 1969 als einer der Drehorte für das Monumentaldrama »Ryans Tochter« von Doktor-Schiwago-Regisseur David Lean mit Robert Mitchum und Sarah Miles. Die Geschichte spielt 1916 vor dem Hintergrund des irischen Freiheitskampfes. Als der Film 1970 in die Kinos kam, zog es fortan auch Touristen auf die zuvor vom Tourismus eher vernachlässigte Halbinsel.

Sehenswert

Dingle Town
| Ort |

Der kleine Fischerort mit den bunt angestrichenen Häusern ist die einzige Stadt der Halbinsel. Sie liegt in der Gaeltacht-Region, in der hauptsächlich Irisch gesprochen wird. In den kleinen Sträßchen reihen sich zahlreiche Läden, Restaurants und Pubs aneinander, in denen besonders im Sommer abends traditionelle irische Musik gespielt wird. Wahrzeichen und einzige Attraktion ist Fungie, ein Delfin, der seit 1983 in der Hafenbucht lebt und zum Touristenmagnet geworden ist.

Dunbeg Fort
| Festung |

Beim Dörfchen Fahan am Fuße des Mount Eagle stehen die Überreste der fast 3000 Jahre alten Eisenzeitfestung Dunbeg Fort (irisch Dún Beag). Sie liegt so nah am Klippenrand, dass Teile schon ins Meer gestürzt sind. Im Inneren befinden sich die Ruine eines außen runden und innen rechteckigen Hauses sowie ein unterirdischer Gang. ■ Das Visitor Centre informiert über die Geschichte des Ringforts. Das Fort liegt ca. 7 km südwestl. von Ventry, 3 €; Dún Beag Visitor Centre, Fahan,

Landschaftlich reizvoll auf einer Halbinsel gelegen – das Fischerstädtchen Dingle

Tel. 066/915 90 70, www.wild-atlantic-way.de/dunbeg-fort.html, tgl. 9–19 Uhr.

Fahan Beehive Huts

| Architektur |

Die »Bienenkorbhütten« sind die am besten erhaltenen in Irland. Das genaue Entstehungsdatum ist unklar, aber man nimmt an, dass die Pilgerunterkünfte im frühen Mittelalter von Mönchen errichtet wurden. Die runden Steinhütten ähneln Bienenstöcken, daher der Name.

■ 500 m westlich vom Dunbeg Fort auf der Landseite

Blasket Heritage Centre

| Museum |

In dem 160-Einwohner-Dorf Dunquin am westlichsten Zipfel Dingles gibt es nur eine Sehenswürdigkeit: das eindrucksvolle Blasket Heritage Centre, das die Geschichte der sieben Blasket-Inseln erzählt und über das Leben der von den Inseln stammenden irischen Schriftsteller informiert, die über das entbehrungsreiche Leben der Bewohner geschrieben haben. Von den Fenstern des Zentrums sieht man die Hauptinsel Great Blasket, die 2 km vom Festland entfernt liegt. Die Inselgruppe war bis Mitte des 20. Jh. bewohnt. Die Lebensbedingungen in den Steinhütten waren nicht menschenwürdig, die Fangquoten gingen zurück und immer mehr jüngere Leute verließen die Inseln. Die letzten 22 Bewohner von Great Blasket wurden von der Regierung 1953 auf das Festland evakuiert. Die Blasket Island Ferries, die bis 2015 Tagesausflügler von Dunquin auf die Blaskets brachten, haben ihren Dienst eingestellt. Von Ostern bis September bieten »Marine Tours« Tagesausflüge auf die Inseln ab Ventry an (www.marinetours.ie).

■ Blasket Heritage Centre, Dunquin, Tel. 066/915 64 44, www.blasket.ie, 22. März–31. Okt. tgl. 10–18 Uhr, 5 €, erm. 3 €

Restaurants

€–€€ | South Pole Inn Fish&Chips, Southpole Burger, frischer Lachs und weitere typische Inselgerichte. Das Pub wurde 1920 von Polarforscher Thomas Crean gegründet, der an den Südpolexpeditionen unter Robert Falcon Scott und Ernest Shackleton teilnahm. ■ Main Lower St., Annascaul, Tel. 066/915 73 88, 16 km östl. von Dingle, tgl. 12–23.30 Uhr

€€€ | Doyle's Seafood Restaurant Im besten Fischrestaurant Dingles richtet sich das Angebot nach dem täglichen Fang. Besonders zu empfehlen sind der gegrillte Lachs, der Krabbenkuchen und die Chili-Garnelen zur Vorspeise. ■ 4 John St., Dingle, Tel. 066/ 915 26 74, www.doylesofdingle.ie, Mo–Sa 17–21.30, So 17–19.30 Uhr

24 Limerick

Vom »Problemkind« zur ersten Kulturhauptstadt Irlands

Information

■ Limerick Tourist Information, 20 O'Connell St., Limerick, Tel. 061/31 75 22

Die einst graue Industriestadt mit dem Namen eines fünfzeiligen Spottverses ist dank aufwendiger Verschönerungsmaßnahmen zu einem beliebten Reiseziel ausländischer Besucher geworden. Mit einer prachtvollen Burg, georgianischer Architektur, hübschen Cafés, zahlreichen Pubs, Galerien, Kunstmuseen sowie Kultur-, Musik- und Filmfestivals wundert es nicht, dass Limerick 2014 zur ersten Kulturhauptstadt Irlands gewählt wurde (nicht zu verwechseln mit dem Titel »Kulturhauptstadt Europas«). Vor der Unabhängigkeit des Landes trennte die Mathew Bridge Limerick in Englishtown und Irishtown.

Die »Bienenkorbhütten« am Slea Head Drive beherbergten einst vermutlich Pilger

Haupteinkaufsstraße ist die O'Connell Street, die weiter südlich zum Stadtteil Newton Pery führt, dem Georgian Quarter, wo sich herrschaftliche Häuser aus der georgianischen Epoche aneinanderreihen. Die beiden Hauptsehenswürdigkeiten King John's Castle und Saint Mary's Cathedral liegen dicht beieinander.

Sehenswert

King John's Castle

| Burg |

Die anglo-normannische Festung mit drei mächtigen Wehrtürmen und einer Bastion dominiert den Stadtteil English Town. Sie wurde 1202 im Auftrag von König John von England, Bruder von Richard Löwenherz, errichtet. Im Inneren informiert eine Ausstellung über die Geschichte der Stadt, der Burg und des Freiheitskampfs. Nicht verpassen sollte man den Aufstieg zu den Türmen – er lohnt sich allein wegen des herrlichen Ausblicks über den Shannon und Limerick.

■ Nicholas St., www.shannonheritage.com, Jan.–März tgl. 9.30–17, April–Sept. 9.30–18 Uhr, letzter Einlass 1 Std. vor Schließung, 13 €, erm. 9,50 €,

Malerisch am Shannon gelegen – Limerick mit St. Mary's Cathedral

Frank McCourt Museum

| Museum |

In seinem autobiografischen Roman »Die Asche meiner Mutter« beschreibt Frank McCourt seine entbehrungsreiche irisch-katholische Kindheit in Limerick. Das 1996 erschienene Buch wurde auf Anhieb ein Bestseller und später verfilmt. In dem 2012 eröffneten Museum befindet sich eine Nachbildung der engen Zimmer seines Elternhauses, ein Klassenzimmer im Stil der 1930er-Jahre, eine Sammlung von Memorabilia in Glasvitrinen sowie ein Teil der Asche des 2009 verstorbenen Autors. Die Stadt bietet »Angela's Ashes«-Touren an, die zu den Schauplätzen des Romans führen.

■ Leamy House, Hartstonge St., http://frankmccmuseum.wixsite.com/frankmccourtmuseum, Mo–Fr 11–16.30, Sa, So 14–16 Uhr, , 4 €, erm. 3 €

Hunt Museum

| Museum |

Der Antiquitätenhändler und Kunstkenner John Hunt sammelte alles von bronzezeitlicher über frühchristliche Kunst bis hin zu Picasso, bis die Sammlung in den 1970er-Jahren mit 2500 Exponaten aus den Nähten platzte und dringend ein neues Zuhause

brauchte – das Hunt Museum wurde aus der Taufe gehoben.
■ Rutland St., www.huntmuseum.com, Mo–Sa 10–17, So 14–17 Uhr, 5 €, erm. 3,50 €

Saint Mary's Cathedral
| Kirche |
Die anglikanische Kirche wurde 1168 auf dem Hügel von King's Island, dem ältesten Teil der Stadt, errichtet. Einst befand sich hier die Residenz der O'Briens, der Könige von Munster. Aus dem 12. Jh. sind allerdings nur noch das romanische Westportal, ein Teil der Seitenschiffe und das Kirchenschiff erhalten. Der Rest wurde im 15. Jh. angefügt. Ein Hingucker ist das geschnitzte Chorgestühl mit grotesken Fabelwesen.
■ Bridge St., Mo–Sa 9–16, Okt.–Mai nur bis 13 Uhr

P Parken

Gegenüber dem **King John's Castle** befindet sich ein kostenfreier Parkplatz. Über die Brücke ins Stadtzentrum sind es wenige Minuten zu Fuß. Achtung: Der Parkplatz schließt abends!

Restaurants

€€ | Sash Einige nennen es das beste Restaurant Limericks. Gemütliche Atmosphäre, neue irische Küche. ■ No. 1 Pery Square Hotel, Pery Square, Tel. 061/40 2402, http://oneperysquare.com, Di–Sa ab 17.30, So 13–18 Uhr

Einkaufen

Milk Market Rund 80 Verkaufsstände: traditionell hergestellte Lebensmittel, Obst und Gemüse, Fisch und Seafood, Backwaren, Schokolade und handgemachte Pralinen, Wein, Antiquitäten, Kunsthandwerk, Mode etc. ■ Cornmarket Row, www.milkmarketlimerick.ie, Fr 10–15, Sa 8–15, So 11–15 Uhr

25 Burren

Einsame, baumlose, endlos erscheinende Karstlandschaft

i Information

■ The Burren Centre, Kilfenora, Tel. 065/ 708 80 30, www.theburrencentre.ie, tgl. 10–17, Juni–Aug. 9.30–17.30 Uhr

»Kein Baum, an dem man einen Mann aufhängen, kein Tümpel, worin man ihn ersäufen, keine Erde, in der man ihn verscharren könnte«, charakterisierte ein General Oliver Cromwells den Burren nach einem Kriegszug. Mit ihrem porösen grauen Kalkstein, der sich zu Plateaus und Kuppen formt, ähnelt die karge Gegend im County Clare einer Mondlandschaft. Nur dort, wo sich Erde in Spalten gesammelt hat, wachsen spärliches Gras und im Frühjahr bunte Blumen. Auf dem Gebiet, das sich über 260 km^2 erstreckt, liegen zahlreiche Höhlen, vor- und frühgeschichtliche Monumente wie Ringforts, Dolmen sowie Burg- und Klosterruinen. Burren, aus dem irischen »Boireann« abgeleitet, bedeutet »steiniger Platz«.
Guter Ausgangspunkt für eine Autotour durch das Gebiet ist das Dorf Kilfenora am Südrand des Burren, in dem das Burren Centre Auskunft über die Region gibt. Hauptort des Burren ist das Städtchen Lisdoonvarna mit 740 Einwohnern. Früher der einzige Kurort Irlands, ist der Ort heute für sein Matchmaking Festival berühmt, der

größte Heiratsmarkt Europas. Bereits seit dem 19. Jh. kommen Heiratswillige jedes Jahr Anfang September aus dem ganzen Land nach Lisdoonvarna und begeben sich auf Brautschau. Früher fiel das Festival mit dem Bauern- und Viehmarkt zusammen, was auch Absicht war – so fanden junge Bauern aus entlegenen Gegenden ihre zukünftige Bäuerin (www.matchmakerireland.com).

Sehenswert

Poulnabrone Dolmen

| Megalithgrab |

Das berühmteste und meistfotografierte Megalithgrab des Landes ist nach Schätzungen über 5000 Jahre alt. Bei Ausgrabungen 1986 fand man die Knochen von 25 Menschen sowie Grabbeigaben wie Pfeilspitzen, Scherben und eine Steinaxt. Der gewaltige Dolmen in der einsamen, kargen Karstlandschaft ist aus 1,80 m hohen Portalsteinen aufgebaut, die eine 3,60 m lange, schwere Deckplatte stützen. Das Grab ist jederzeit frei zugänglich.

■ Anfahrt: Der Dolmen steht an der R480 zwischen Leamanah und Ballyvaughan

Aillwee Cave

| Höhle |

Die über 1 km lange Höhle ist die einzige touristisch erschlossene des Burren. Ein Bauer entdeckte das unterirdische Höhlensystem 1944. Erst 30 Jahre später erfuhren Höhlenforscher davon, die hier Knochen von Braunbären sowie einen unterirdischen Wasserfall fanden – der Höhepunkt der 30-minütigen Tour, die nur durch einen winzigen Teilbereich des rund 50 km langen Höhlensystems führt.

Der Burren: eine unwirtlich-karg anmutende, weite und menschenleere Landschaft

■ Aillwee Cave Visitor's Centre, Ballycahill, Ballyvaughan, www.aillweecave.ie, tgl. 10–17, im Juli/Aug. bis 18.30 Uhr, 12 €, erm. 5,50 €

Doolin

| Ort |

Dass sich der kleine Fischerort zu einer Musikhochburg entwickelt hat, ist den aus Doolin stammenden Brüdern Micho, Packie und Gussie Russell zu verdanken. In den 1960er-Jahren veranstalteten die drei Traditional Irish Music Sessions in den Pubs ihres Heimatortes, zu denen sie Musiker aus ganz Irland einluden. In den drei Pubs des Ortes wird täglich Live-Musik gespielt. Ältester ist das Gus O'Connors Pub von 1832, in dem von Ende Februar bis Ende November täglich ab 21 Uhr Sessions stattfinden sowie eine Early Sunday Session ab 18 Uhr. Im Juni findet im Doolin Hotel das dreitägige Doolin Folk Festival statt (www.doolinfestivals.ie).
■ Gus O'Connors Pub, Fisher St., Tel. 065/707 41 68, www.gusoconnorspubdoolin.net

Kneipen, Bars und Clubs

Fitzpatrick's Bar Gemütlicher Pub mit offenem Kamin, umfangreiche Speisekarte (auch vegetarische Menüs), abends Live-Sessions. ■ Hotel Doolin, Rivervale, Tel. 065/707 41 11, www.hoteldoolin.ie (unter »Eat & Drink«)

Wandern

Wanderung durch die Steinwüste Die klassische Route »Burren Way« ist mit 114 km etwas lang, aber es gibt auch kürzere Wanderwege in dem Karstland. ■ Beschreibungen und Wanderkarten: www.burren.ie

26 Cliffs of Moher

5 *Spaziergang am Abgrund – die tosende Brandung zu Füßen*

Information

■ Cliffs of Moher Visitor's Centre, Liscannor, Tel. 065/708 61 41, www.cliffsofmoher.ie, März–Okt. 10–18, Juli, Aug. bis 19 Uhr, Eintritt 8 €, erm. ab 3,50 €

Die spektakulären Klippen am Rande des Burren ziehen sich von ihrem südlichsten Punkt Hag's Head über 8 km bis Aillenasharragh, einer Landzunge bei Doolin. An ihrer höchsten Stelle, am O'Brien's Tower, stürzen sie 214 m senkrecht in den Atlantik. Parlamentsmitglied Cornelius O'Brien ließ den Turm 1835 als Aussichtsturm erbauen. Bei klarer Sicht garantieren die Cliffs of Moher einen der schönsten Rundumblicke, die Irland zu bieten hat: im Süden auf die Liscannor Bay, im Norden auf die Gebirgszüge Twelve Pins und Maumturks in Connemara und im Westen auf die Aran Islands. Für einen atemberaubenden Blick in die Tiefe robben sich immer wieder Wagemutige bis an die ungesicherten und teilweise brüchigen Kanten vor und ignorieren dabei Absperrungen und Verbotsschilder. Dabei kam es in der Vergangenheit immer wieder zu tödlichen Unfällen.

Restaurants

€–€€ | **Vaughans Anchor Inn** Nicht weit von den Klippen befindet sich »die beste Seafood Bar im County Clare« – so die Einheimischen. Zu Mittag gibt es nur kleine Gerichte, abends wird dann größer aufgetischt. ■ Main St., Liscannor, Tel. 065/708 15 48, www.vaughans.ie/restaurant.htm, tgl. 12.30–21 Uhr

27 Birr

Perle der Midlands mit einem weitgehend authentischen Stadtbild

i Information

■ Mid Ireland Tourism, St Brendan St., Townparks, Birr, Tel. 057/912 09 23, www.midirelandtourism.ie

Das denkmalgeschützte Städtchen im County Offaly liegt im Zentrum Irlands und ist von der Westküste genauso weit entfernt wie von der Ostküste. Der Ort mit baumbestandenen Alleen glänzt mit eleganten Häusern aus der georgianischen Epoche.
Hauptattraktion ist das prächtige Birr Castle, Stammsitz der Familie Parsons, der im 18. Jh. der Titel Earl of Rosse verliehen wurde. Das für Sir Lawrence Parsons 1620 errichtete Schloss befindet sich inmitten einer großen Parkanlage mit See und künstlichem Wasserfall. Im Park gedeihen mehr als 200 Pflanzenarten, darunter die größten Buchsbaumhecken der Welt, die es sogar ins Guinnessbuch der Rekorde geschafft haben. Vom Park aus bietet sich ein herrlicher Blick auf das Schloss, das nach wie vor von der Familie Parsons bewohnt wird und daher nicht für die Öffentlichkeit zugänglich ist. Unter den Parsons waren zwei bemerkenswerte Wissenschaftler. Der Astronom William Parsons, 3rd Earl of Rosse, baute von 1842–45 das damals größte Teleskop der Welt. Sein jüngster Sohn, der Ingenieur Charles Algernon Parsons, entwickelte die erste Dampfturbine und mit dem Bau der Turbinia 1894 das erste Schiff, das durch eine Dampfturbine angetrieben wurde. Mary, Countesse of Rosse, die Frau des 3rd Earl of Rosse, war preisgekrönte Fotografin und erstes weibliches Mitglied der Dublin Photographic Society. Ihre Dunkelkammer und Ausrüstung samt Chemikalien sind im Science Centre im Schlosspark ausgestellt.

Sehenswert

Birr Castle Telescope

| Teleskop |

6 *Den Sternen so nah – Ausflug in die Geschichte der Astronomie*

Mächtig thront das Riesenteleskop Leviathan im Park. William Parsons, der 3rd Earl of Rosse (1800–67), Mathematiker und Astronom, richtete bereits 1826 im Park von Birr Castle ein Observatorium ein, wo er mit einem selbst hergestellten Spiegelteleskop Sternhaufen und die planetarischen Nebel M27 und M31 beobachtete. Um näher an die Nebel heranzukommen, baute er ein Spiegelteleskop mit einem doppelt so großen Durchmesser, den Leviathan, dessen Hauptspiegel 1,83 m im Durchmesser maß. Mit dem 1845 vollendeten Teleskop gelang es Parsons

ADAC *Mobil*

Schneller zu den Cliffs of Moher – mit der Tarbert Ferry
Wer von Tralee Richtung Norden zu den Cliffs of Moher fahren und den Umweg über Limerick vermeiden möchten, kann die Fähre über den Shannon nutzen. Sie verkehrt im Stundentakt und legt zu jeder halben Stunde von Tarbert ab.
Fahrplan: www.shannonferries.com

Eine herrliche Parklandschaft umgibt das Birr Castle, Ziel von Astronomie-Fans

erstmals, die Struktur von Spiralnebeln zu erforschen, und er entdeckte 224 noch nicht bekannte Nebel. Der Leviathan von Parsonstown, so der Spitzname, war bis 1917 das größte Teleskop der Welt. Von 1994–99 wurde es restauriert und mit einem neuen Spiegel sowie elektronisch gesteuerten Motoren ausgestattet. Heute ist es wieder so funktionsfähig wie damals. Über Baugeschichte und Funktionsweise des Leviathan informiert das Science Center in den alten Ställen im Park.

■ Birr Castle Gardens & Science Centre, Rosse Row, www.birrcastle.com, Mitte März–31. Okt. tgl. 10–18, sonst bis 16 Uhr, 9 €, erm. 7,50 €

Restaurant

€ | Brambles Café and Delicatessen Scones, Quiches, Pies, Suppen und Salate aus organisch angebauten Zutaten von Farmen der Umgebung.
■ Mill St., Townparks, www.bramblesbirr.ie, Mo–Sa 8.30–18, So 11–14.30 Uhr

28 Clonmacnoise

Einzigartige Klosterruine und historische Pilgerstätte am Shannon

Information

■ Clonmacnoise Visitor's Centre, Shannonbridge, Athlone, Tel. 090/967 41 95, Mitte März–Mai tgl. 10–18, Juni–Aug. 9–18.30, Sept., Okt. 10–18, Nov.–Mitte März 10–17.30 Uhr, Eintritt 8 €, erm. 6 €

Das Kloster wurde 544 von Ciarán Mac an Tsair (hl. Kieran) gegründet. Kieran verbrachte bereits seine frühe Jugend in dem Kloster Clonard im County Meath, wo er von Finnian, dem Lehrer der zwölf Apostel von Irland, erzogen und wo er Mönch wurde. Im Jahr 534 zog er sich mehrere Jahre lang als Einsiedler auf die Insel Inishmore zurück, bis er mit acht Brüdern den Grundstein von Clonmacnoise in Form einer kleinen Holzkirche legte. Nur solche Mönche wurden aufgenommen, die wie er selbst der Welt vollkommen entsagen wollten. Kieran, der erste Abt des Klosters, erlebte die Größe von Clonmacnoise nicht mehr, denn er starb bereits wenige Monate nach seiner Ankunft im Alter von erst 32 Jahren an den Folgen der Pest.

Zur weitläufigen Klosteranlage gehören sieben Kirchenruinen, die Reste einer Kathedrale, zwei Rundtürme, 250 Grabplatten und zahlreiche Hochkreuze. Die Kreuze, die in Stein gemeißelte Szenen aus der Bibel darstellen, markieren den Übergang von den keltisch-heidnischen Riten im Ring zum neu gefestigten christlichen Glauben, dem Kreuz. Zwischen dem 7. und 12. Jh. war Clonmacnoise ein Hort der Gelehrsamkeit und Handwerkskunst, das weit über die Grenzen Irlands hinaus bekannt war. So entstand hier um 1100 »Lebor na hUidre« (das »Buch der dunkelfarbigen Kuh«), eine der ältesten noch erhaltenen Handschriften in altirischer Sprache. Der Legende nach bat Kieran, als er sich zum Kloster Clonard aufmachte, seine Eltern um eine Kuh als Geschenk für das Kloster. Der Wunsch wurde ihm abgeschlagen, und so segnete Kieran eine Kuh in der Herde, die ihm daraufhin bis nach Clonard folgte. Als die Kuh Jahre später starb, machte er aus ihrer Haut das Pergament, auf dem später das »Buch der dunkelfarbigen Kuh« entstand.

Clonmacnoise wurde während des 9. und 12. Jh. mehrmals von den Wikingern und Anglo-Normannen überfallen und geplündert. Nach der von Heinrich VIII. verordneten Reformation 1552 raubten die Engländer sämtliche Kirchenschätze, das Kloster verfiel. Jährlich findet am 9. September, Kierans Todestag, eine Wallfahrt nach Clonmacnoise statt, wo ein Priester die Messe zelebriert.

29 Kilbeggan

Whiskeystadt mit der wohl ältesten Destillerie Irlands

■ Lower Main St., Aghamore, Kilbeggan, Tel. 057/933 21 34, www.kilbeggan distillery.com, April–Okt. tgl. 9–18, Nov.–März 10–16 Uhr, Führung 14 €

Der kleine Ort im County Westmeath ist Standort der ältesten lizenzierten Whiskey-Destillerie Irlands. Sie wurde 1757 gegründet und 1843 von John Locke übernommen, der den Whiskey als Locke's weltbekannt machte. Durch sinkende Exportzahlen, zum einen durch die Prohibition in den USA, zum anderen durch Konkurrenz aus Schottland, gingen die Verkaufszahlen zurück, die Brennerei musste 1954 schließen. 1992 restaurierte die Gemeinde die Destillerie und eröffnete sie als Whiskey-Museum. Die Cooley Distillery erwarb die Lizenz, Kilbeggan und Locke's Whiskey zu produzieren, als sie 2007 eine neue Destillerie in Kilbeggan eröffnete, und übernahm das Museum. Besucher erleben bei einer Führung Schritt für Schritt den Produktionsprozess – vom traditionellen Maischverfahren bis hin zur Abfüllung des Whiskeys. Einige der alten Produktionsmaschinen sind noch vorhanden, wie das gigantische Wasserrad und die Dampfmaschine.

30 Galway

Künstler, Musiker und ein pulsierendes Studentenleben

Bunt und fröhlich geht es in Galway zu, die Stadt ist bei jungen Leuten sehr beliebt

Information

- Tourist Office, Forster St., Galway City, Tel. 091/53 77 00
- Parken: siehe S. 138

Galway ist eine junge Stadt. 30 000 der 76 000 Einwohner sind Studenten, und über die Hälfte der Galwegians ist unter 45 Jahre alt, was sich an der lebhaften Atmosphäre der Stadt bemerkbar macht. Mit vielen bedeutenden Sehenswürdigkeiten kann der Ort am River Corrib nicht aufwarten, aber die bunte Atmosphäre mit zahlreichen Straßenkünstlern, das große kulturelle Angebot und die abendliche Musikszene in den Pubs machen das wett. Die überschaubare Innenstadt lässt sich leicht zu Fuß erkunden. Schönstes Viertel ist das quirlige Latin Quarter mit kopfsteingepflasterten Gassen, hübschen kleinen Läden und Pubs. Haupteinkaufsstraße mit vielen kleinen Cafés ist die Fußgängerzone Shop Street, wo sich die meisten Straßenmusiker tummeln und wo sich mit dem Lynch's Castle das am besten erhaltene mittelalterliche Gebäude der Stadt befindet – heute Sitz einer Bank. Das Zentrum der Stadt bildet der Eyre Square mit seiner großen Rasenfläche, die zum Picknicken und Sonnen einlädt. 1965 wurde der Platz offiziell in John F.

Plan S. 139

Kennedy Memorial Park umbenannt in Gedenken an den irisch-stämmigen Präsidenten, der zwei Jahre zuvor eine Rede in Galway gehalten hatte – trotzdem ist der Ort weiterhin als Eyre Square bekannt. Hingucker im Park ist der eigenwillige Quincentennial Fountain mit riesigen Metallsegeln, der 1984 anlässlich des 500-jährigen Stadtjubiläums errichtet wurde. Eines der Wahrzeichen Galways ist der Spanish Arch, der 1584 als Teil der Stadtmauer errichtet wurde und an die prosperierenden Wirtschaftsbeziehungen mit Spanien im 16. Jh. erinnert. Durch den Torbogen wurden die Waren von den Schiffen an Land gebracht.

Sehenswert

1 Galway Arts Centre

| Museum |

In der ehemaligen Residenz der reichen Persse-Familie finden regelmäßig interessante Wechselausstellungen zeitgenössischer irischer und internationaler Kunst statt.

■ 47 Dominick St., Tel. 091/56 86 42, www.galwayartscentre.ie, Mo–Fr 10–17, Sa 12–17 Uhr, Eintritt frei

2 St. Nicholas' Collegiate Church

| Kirche |

Die Kirche wurde 1320 zu Ehren des hl. Nikolaus, dem Heiligen der Seefahrer und Kaufleute, geweiht. Der Legende nach soll Kolumbus in der Kirche gebetet haben, als er 1477 Galway besuchte. Die Kirche machte Schlagzeilen, als hier 2002 das erste lesbische Paar Irlands getraut wurde.

■ Lombard St., tgl. 9–19, Jan., Feb. bis 17 Uhr

3 Galway City Museum

| Museum |

Das Museum ist der Geschichte Galways von der Frühzeit bis ins 20. Jh. gewidmet. Zu den Exponaten zählen auch Currachs, die bekannten Lederboote der Iren. Von dem Gebäude bieten sich fantastische Blicke auf den Fluss, das Dörfchen Claddagh, den Spanish Arch und die Galway Bay.

■ Spanish Parade, Tel. 091/53 24 60, www.galwaycitymuseum.ie, Di–Sa 10–17 Uhr, Ostern bis Ende Sept. auch So 12–17 Uhr, Eintritt frei

4 Galway Cathedral

| Kirche |

Der vollständige Name der Kathedrale lautet »The Cathedral of Our Lady Assumed into Heaven and St Nicholas«. Das monumentale Gebäude am Fluss wurde 1958–65 auf den Ruinen des alten Stadtgefängnisses errichtet und ist von Baustilen der Romantik, Gotik und der byzantinischen Architektur beeinflusst.

■ Galway Cathedral, am westlichen Ende der Salmon Weir Bridge, www.galwaycathedral.ie, tgl. 8.30–18.30 Uhr

Parken

Günstig gelegen ist das Parkhaus **Q-Park Eyre Square,** Merchants Rd. 444 Parkplätze, rund um die Uhr geöffnet, 2,50 €/Std., Plan S. 139 c1

ADAC *Wussten Sie schon?*

Galway ist der Geburtsort der Lynchjustiz

Schuld daran ist der unbeugsame Gerechtigkeitssinn von James Lynch, Bürgermeister der Stadt. Walter, sein Sohn, hatte im Streit um seine Angebetete einen spanischen Edelmann getötet. Der Vater, der als oberster Richter Gerechtigkeit walten lassen musste, verurteilte seinen Sohn zum Tode. Da Walter aber der Sohn des Bürgermeisters war, fand sich niemand, der das Todesurteil vollstrecken wollte. So musste er seinem Sohn letzten Endes selbst die Schlinge um den Hals legen, auch wenn sein Herz dabei brach. Die Iren glauben, dass der Begriff »Lynchjustiz betreiben« in dieser Geschichte seinen Ursprung hat.

Restaurants

€€ | **Kai Café & Restaurant** David und Jessica Murphy verwenden für ihre leckeren Menüs ausschließlich frische Bio-Lebensmittel von lokalen Lieferanten. Gemütliches kleines Restaurant mit Steinwänden und Glasdach. ■ 20 Sea Rd., Tel 091/52 60 03, www.kaicaferestaurant.com, im Sommer tgl. 18–21.30 Uhr, Plan S. 139 a3

Cafés

Goya's Bakery and Café Frisch gemahlener Kaffee, die besten Leckereien der Stadt und kleine Lunch-Gerichte. ■ 3 Kirwan's Ln., Tel. 091/56 70 10, www.goyas.ie, So geschl., Plan S. 139 b2

Einkaufen

From Galway with Love Eines der Symbole der Stadt ist der Claddagh Ring. Das Herz symbolisiert Liebe, die Hände Freundschaft und die Krone Loyalität. Zeigt der Ring mit der Krone nach innen, ist der Träger verliebt oder verheiratet. Zeigt die Krone nach außen, ist er noch zu haben. Der Ring wurde erstmals um 1700 als Ehering im benachbarten Fischerort Claddagh hergestellt und wird bei Juwelieren (auch in günstigem Sterlingsilber) sowie in Souvenirshops in Galway verkauft. ■ Claddagh Jewellers, 25 Mainguard St., www.thecladdagh.com, Plan S. 139 b2

Events

Galway International Arts Festival Zu dem zweiwöchigen Festival, das seit 1978 jährlich im Juli stattfindet, strömen mehr als 200 000 Besucher aus

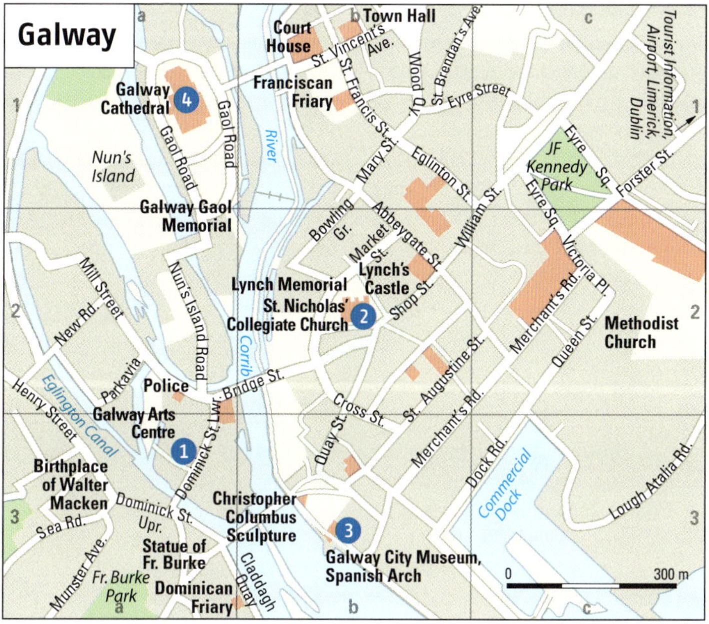

aller Welt. Programmpunkte sind Theater, Musik, bildende Künste, Oper, Tanz, Literatur, Straßenkunst und Comedy. ■ www.giaf.ie

Galway International Oyster Festival Das Festival wurde im September 1954 ins Leben gerufen und findet seitdem jährlich am letzten Septemberwochenende (Fr–So) statt. Aus den im ersten Jahr 34 Besuchern sind mittlerweile über 22 000 geworden. Gefeiert wird mit viel Live-Musik, Bier und Austernöffnern aus aller Welt, die hier zu einem Wettbewerb antreten. ■ www.galwayoysterfestival.com

Kneipen, Bars und Clubs

Tigh Neachtain Das Pub, auf Englisch auch als Naughtons bekannt, befindet sich seit 1894 im einstigen Haus des irischen Politikers und Tierschutzaktivisten Richard Martin. Die Kneipe im Latin Quarter wirbt mit der besten Live-Musik Galways, getreu ihrem Motto: »Music washes away from the soul the dust of everyday life«. Menü mit Mittag- und Abendessen. ■ 17 Cross St., Tel. 091/56 88 20, www.tighneachtain.com, Plan S. 139 b2

31 Inishmore – Aran Islands

Baumlos und karg – dafür von unzähligen Steinwällen durchzogen

Die größte Insel der Aran Islands strotzt in der Galway-Bucht vor keltischen und frühchristlichen Relikten wie Hinkelsteinen, Kreuzen und Begräbnisstätten Heiliger. Außerdem ist sie eine Hochburg der irischen Sprache. Autos sieht man kaum. Die Einwohner bewegen sich per pedes, Fahrrad oder Pferd.

Die Insel ist seit über 4000 Jahren bewohnt. Mit über 600 eingetragenen-Wahrzeichen von archäologischem und historischem Interesse gleicht sie einem riesigen Freilichtmuseum. Eines der Wahrzeichen ist die Kirche des hl. Kieran, oder was davon übrig ist. Kieran kam im 6. Jh. als junger Mönch auf die Insel und lebte dort sieben Jahre im Kloster des Heiligen Enda. Damals zählte Inishmore zu den wichtigsten Wallfahrtsorten irischer Mönche. In einem Traum sah sich Kieran ein Kloster in Clonmacnoise am Ufer des Shannon errichten. Er verließ Inishmore daraufhin, um das Kloster zu bauen, das zu einem der bedeutendsten in Irland wurde. Kieran gilt als Wegbereiter des Christentums im keltischen Irland.
Nur 840 Menschen leben ganzjährig auf der 31 km² großen Insel, auf der es noch bis 1975 keinen elektrischen Strom gab. Außer einem großen Spar-Supermarkt, ein paar Souvenirshops und einem Laden mit den berühmten Aran-Wollpullovern, die heute aber größtenteils als Massenware in Asien produziert werden, gibt es auf Inishmore keine Geschäfte. Dafür ein paar Pubs, in die sich Besucher flüchten, wenn das Wetter umschlägt.
Der Dubliner John Millington Synge (1871–1909), der einige Zeit in Paris lebte, verbrachte hier mehrere Sommer und schrieb mit »The Aran Islands« einen Klassiker über das harte und entbehrungsreiche Leben auf der Insel. »Give up Paris ... Go to the Aran Islands ... Express a life that has never found expression« (»Gib Paris auf, geh zu den Aran Islands und erlebe ein Leben, für das es keinen Ausdruck gibt«), schrieb er. Das fällt auf Inishmore nicht schwer.

■ www.aranisland.info

Verkehrsmittel

Die **Aran Island Ferries** setzen mehrmals täglich ab Rossaveal (Ros a' Mhíl) nach Inishmore über, Fahrtzeit ca. 40 Minuten. Autos dürfen nicht mit nach Inishmore, können aber am Fährhafen in Rossaveal geparkt werden. Am Hafen von Inishmore warten Busse und Pferdekutschen. Fahrpläne und Online-Buchung unter: www.aranislandferries.com.

Sehenswert

Dun Aengus

| Festung |

7 *Die spektakulärste archäologische Stätte Irlands*

An Steinwällen vorbei geht es steil hinauf zur Festung, die nach Aonghus MacNatfráich, König von Cashel im 5. Jh. n. Chr., benannt wurde – so die Legende. Das Fort liegt an der Kante einer Steilklippe, die fast 100 m tief in den Atlantik stürzt. Ausgrabungen haben ergeben, dass in der Festung Menschen über einen Zeitraum von 2500 Jahren gelebt haben, von 1500 v. Chr. bis 1000 n. Chr. Dun Aengus (irisch Dún Aonghasa) gehört seit Ende des 19. Jh. zu den Nationalmonumenten Irlands. Die spektakuläre Sicht über die Bucht von Galway entschädigt für den mühseligen Aufstieg über Steingeröll. Die Landseite bietet einen herrlichen Blick über Inishmore, wo sich Tausende Steinwälle in parallelen Linien über die Insel ziehen, sie in winzige Felder teilen und ihr das Aussehen einer Steinwüste verleihen. Bäume gibt es kaum, dafür ist der Boden zu karg und die Luft zu salzig.

■ Zutritt über das Visitor Centre, tgl. 10–18, Nov.–Feb. bis 16 Uhr, 5 €, erm. 4 €

Wie verwunschen wirkt die einsame Landschaft Connemaras mancherorts

32 Connemara

Irlands wilde Schönheit, ein Paradies für Wanderfreunde

■ www.connemaranationalpark.ie

Connemara, eine der abgelegensten Regionen des Landes, verzaubert ihre Besucher mit ihrer rauen Schönheit und Wildnis: mit Moor- und Heidelandschaften, kahlen Hochebenen, schroffen Berghängen und grünen Tälern. Man kann es sich kaum vorstellen, dass diese Gegend bis zur Großen Hungersnot eine der am dichtesten besiedelten Regionen Irlands war. Die meisten Einwohner starben an den Folgen des Hungers oder wanderten nach Nordamerika aus. Das schroffe, fast baumlose, sumpfige und morastige Land, das mit rotbraunen Granitbrocken übersät ist, macht fast jede Art der Landwirtschaft unmöglich. Die Hauptenergiequelle findet man in der Moorlandschaft. Über Jahrhunderte benutzten die Einwohner Torf zum Kochen und Heizen. Torf wird in Briketts aus dem Boden geschnitten und getrocknet, bevor er gelagert und genutzt wird.

Connemara gehört zu den Gaeltacht-Regionen, in denen ausschließlich Irisch und Englisch nur als Zweitsprache gesprochen wird. Connemara ist seit 1980 Nationalpark, mit Glück sieht man die Connemara-Ponys, Nachfahren der Pferde, die sich von der Spanischen Armada gerettet haben. Ein Großteil der Parkfläche gehörte früher zur Kylemore Abbey, der größten Besucherattraktion Connemaras.

Clifden, die inoffizielle Hauptstadt von Connemara und mit 2600 Einwohnern die einzige Stadt der Region, ist der perfekte Ausgangspunkt, den Nationalpark zu erkunden.

Kylemore Abbey – im 19. Jh. als Schloss erbaut, heute Sitz eines Ordens

Sehenswert

Kylemore Abbey

| Kloster |

14 *Vom romantischen Liebesschloss in Seelage zum Kloster*

Wie ein verwunschenes Märchenschloss erhebt sich Kylemore Abbey am Ufer des Lough Pollacappul. Als der wohlhabende Arzt Mitchell Henry und seine Frau Margaret 1849 ihre Hochzeitsreise in Connemara verbrachten, verliebte sich Margaret in die Gegend um Kylemore und sagte zu ihrem frisch Angetrauten: »Wie schön wäre es doch, hier zu wohnen«. Die Henrys kamen immer wieder nach Connemara. Als Mitchells Vater, ein Industrieller, 1862 starb, hinterließ er seinem Sohn ein beträchtliches Vermögen. Dieser investierte das Geld in einen Landkauf am Lough Pollacappul und den Bau eines Schlosses für seine geliebte Margaret. 1871 zog die Familie mit ihren neun Kindern im neuen 50-Zimmer-Schloss ein und lebte dort glücklich, bis das Schicksal grausam zuschlug.:Als die Henrys und ihre Kinderschar im November 1874 durch Ägypten reisten, erkrankte Margaret an der Ruhr und starb im Alter von 45 Jahren. Mitchell konnte sich mit ihrem Tod nicht abfinden, ließ sie einbalsamieren und brachte sie nach Kylemore zurück, wo er in der Nähe des Schlosses ein Mausoleum für sie errichtete. 1877 ließ er in Erinnerung an Margaret auch eine kleine gotische Kirche bauen. Mitchell heiratete nicht wieder. Er starb 1910 und wurde im Mausoleum neben Margaret beigesetzt. Kylemore wechselte zweimal den Besitzer, bis es 1920 an die Damen von Ypern, einen benediktinischen Orden, überging. Aus dem Schloss wurde ein Kloster. Die Haupteingangshalle und die angrenzenden Räume sind für die Öffentlichkeit zugänglich. Die restlichen Zimmer werden von den Nonnen bewohnt.

Westlich des Schlosses liegt der 2,5 ha große viktorianische »Walled Garden«

(Mauergarten) aus den Gründerjahren des Schlosses, der in mehrere Themengärten unterteilt ist.

■ Kylemore, Pollacappul, www.kylemoreabbey.com, tgl. 9–18 Uhr, 13 €, erm. 10 €

Sky Road

| Panoramastraße |

Ab Clifden ausgeschildert ist die schmale Sky Road, die wenige Kilometer oberhalb des Atlantiks entlangführt. Das Panorama ist überwältigend, v.a. zum Sonnenuntergang.

Restaurants

€ | Mitchell's Café Selbstbedienungsrestaurant mit Terrasse vor den Toren des Schlosses. Großes Angebot an schmackhaften Speisen – hausgemachte Suppen, verschiedene Salate, Fisch- und Seafood-Gerichte, Eintöpfe, Sandwiches, Kuchen etc. Gemüse und Kräuter stammen aus dem Klostergarten. ■ Adresse s. Kylemore Abbey

Kneipen, Bars und Clubs

15 **E. J. Kings Bar and Restaurant** Die Kneipe mit Live-Musik und ausgezeichneter Küche hat den James Joyce Pub Award »typisch irisches Pub« gewonnen. Irischer geht's nicht!

■ The Square, Clifden, Tel. 095/213 30, www.ejkings.com

Wandern

Diamond Hill Loop Walk Die 7 km lange Wanderung zum 442 m hohen Diamond Hill im Connemara-Nationalpark mit grandiosen Panoramablicken startet am Visitor Centre des Parks. Der Loop Walk ist markiert. ■ Eine Wanderkarte gibt es unter www.irishtrails.ie

33 Westport

Irlands schönste Planstadt – an der Mündung des Carrowbeg in den Atlantik

Information

■ Tourist Office, Bridge St., Westport, Tel. 098/257 11, www.westporttourism.com

Westport ist eine der wenigen Städte des Landes, die quasi am Reißbrett entworfen wurden. Den 2nd Earl of Altamont störte das Dorf Cahernamart am Schloss, denn dort wo das Dorf stand, wollte er einen Park und Gärten anlegen lassen. So beauftragte er 1780 den englischen Architekten James Wyatt, stattdessen jenseits des Schlosses eine Stadt für seine Arbeiter und Bediensteten zu entwerfen. Wyatt ließ den Fluss kanalisieren, an beiden Ufern Häuser im georgianischen Stil errich-

Das Westport House wurde auf den Ruinen einer Piratenburg erbaut

Im Blickpunkt

Patrick von Irland

Patrick wurde Ende des 4. Jh. in Wales als Patricius, Sohn eines römischen Offiziers, geboren. Im Alter von 16 Jahren wurde er von irischen Piraten vom Landgut seiner Eltern entführt und nach Irland verschleppt, wo er versklavt und sechs Jahre lang als Schafshirte in Gefangenschaft gehalten wurde. Laut seiner Schrift »Confessio« fand er in der Knechtschaft Trost bei Gott und in Gebeten. Eines Tages hörte er eine Stimme, die ihm verkündete, dass er bald nach Hause zurückkehren würde. Er floh an die Küste und fand ein Schiff, das ihn mit nach England nahm. Wieder bei seiner Familie, beschäftigte er sich ausgiebig mit dem Christentum. Er ging nach Frankreich, wo er bei Bischof Germanus von Auxerre studierte und sich zum Priester, später zum Bischof weihen ließ. Daraufhin kehrte Patrick als christlicher Missionar nach Irland zurück, gründete im ganzen Land Kirchen, Klöster und Schulen und bekehrte die Iren zum Christentum. Viele Quellen deuten darauf hin, dass Patrick am 17. März 461 gestorben ist, weshalb die Iren diesen Tag zu ihrem Nationalfeiertag machten. Der St. Patrick's Day wird auch in den USA, Kanada, Australien und Großbritannien gefeiert – überall dort, wo Menschen irischer Herkunft leben. Der hl. Patrick wurde offiziell nie vom Papst heiliggesprochen, viele Kirchen erkennen ihn jedoch als Heiligen an.

ten und Schatten spendende Bäume pflanzen. Wahrzeichen Westports ist der achteckige Platz im Zentrum, The Octogon, auf dem St. Patrick auf einer Säule thront. Im Hintergrund dominiert der Berg, auf dem er gefastet und gebetet hat, das Stadtbild.

Sehenswert

Westport House

| Museum |

16 *Wo die Nachfahren der Piratenkönigin Grace O'Malley residieren*

Viele Iren nennen es das schönste Haus der Insel. Das prächtige Landschloss wurde im 17. Jh. im Auftrag des Jakobiten John Browne auf den Ruinen des Schlosses der Piratenkönigin Grace O'Malley gebaut, der Ururgroßmutter seiner Frau. Die Kellergewölbe stammen z.T. von der Piratenburg. John Brownes Enkel, der 1st Earl of Altamont, ließ das Haus 1730 so umbauen, wie es heute aussieht. Noch immer ist es im Besitz der Familie Browne. Als Jeremy Browne, Earl of Altamont und 11. Marquess of Sligo, 2014 starb, hinterließ er das Anwesen seinen fünf Töchtern und den Titel Marquess of Sligo seinem Cousin. Wegen drückender Steuerlasten machten die Brownes den nicht bewohnten Teil des Schlosses 1960 der Öffentlichkeit zugänglich. Schon die Eingangshalle überwältigt mit ihrer Pracht. Dank Urahnin Grace gibt es auf dem 4 km^2 großen Anwesen einen Pirate Adventure Park für Kinder. Im Park erblickt man eine Statue der legendären Piratin mit wehendem Rock und Schwert.

■ Westport House u. Pirate Adventure Park, Quay Rd., www.westporthouse.ie, tgl. 10–16/18 Uhr, Nov., Dez. nur am Wochenende, 13 €, erm. 10 €

Clare Island hat bessere Tage gesehen, heute leben hier nur noch 150 Menschen

Croagh Patrick

| Berg |

Jedes Jahr kommen am letzten Sonntag im Juli bis zu 30 000 Pilger, um auf den Spuren ihres Nationalheiligen zu wandeln. Sie glauben, dass St. Patrick im Jahre 441 ganze 40 Tage lang auf dem 765 m hohen Berg gebetet, gefastet und eine Kapelle gebaut hat. Der Legende nach warf Patrick eine Glocke vom Berg hinab, was sämtliche Schlangen von der Insel vertrieben haben soll.

■ Der Berg liegt 8 km südlich von Westport am Fuße des Ortes Murrisk.

Wandern

Auf den Croagh Patrick Der Berg ist zwar keine 800 m hoch, aber der steile Aufstieg auf teils losem Geröll hat es in sich. Hin und zurück benötigt man rund vier Stunden. Oben angekommen, bietet sich eine herrliche Aussicht. ■ Wanderroute und App: www.activeme.ie unter dem Punkt »Walking«.

34 Clare Island

Heimat der legendären Piratenkönigin Grace O'Malley

Information

■ Achill Island Tourist Office, Davitt Quarter, Achill Sound, Achill, Tel. 098/20400, www.achilltourism.com

Die Insel am Eingang der Clew Bay war im 16. Jh. Heimat der Piratenkönigin Grace O'Malley. Ihr Stammsitz war das Turmhaus (Granuaile's Castle) über dem Hafen, wo sie die Gewässer der Clew Bay kontrollierte. Ihr Grab wird in der Ruine der Clare Abbey unter einem Stein mit dem Motto »invincible on land and on sea« (Zu Wasser und zu Lande unbesiegbar) vermutet. Nur 150 Menschen leben auf der Insel, die von Tagesausflüglern wegen ihrer Strände und Wanderungen auf den Gipfel des 451 m hohen Knockmore Mountain besucht wird.

Im Blickpunkt

Grace O'Malley – Irlands Piratenkönigin

Die Piraterie wurde der Tochter von Owen O'Malley, Clanchef der mächtigen O'Malleys, 1530 nicht in die Wiege gelegt – die Liebe zur Schifffahrt schon. Die Handelsschiffe der O'Malleys fuhren nach Spanien, Portugal und Schottland. Mit 16 heiratete Grace (irisch Granuaile) Donal O'Flaherty und stieg in den Auslandshandel der Familie ein. Dank ihres ökonomischen Talents konnte sie ihre Autorität in der Männerwelt des Clans durchsetzen. In Galway, damals ein wichtiges Handelszentrum der Engländer, war den Iren der Handel verboten, denn die Engländer wollten Irland komplett von sich abhängig machen. Zahlreiche Clans griffen daher auf Piraterie und Schutzgelderpressung vorbeifahrender Schiffe zurück, um so ihren Lebensunterhalt zu sichern. Grace fuhr selbst nach Portugal und Spanien, um dort Waren zum Verkauf in Irland zu erwerben, allerdings ohne an die Engländer den obligatorischen Zoll zu zahlen. Als Donal 1565 starb, kehrte Grace nach Clare Island zurück. Nun Clanchefin der O'Malleys, brachte sie es mit Piraterie zu Reichtum. Elizabeth I. setzte ein Kopfgeld auf Grace aus. Als ihr Sohn Tibbot 1593 verhaftet wurde, schrieb sie einen Brief an Elizabeth, in dem sie um dessen Freilassung bat und ihre Überfälle auf englische Schiffe als von der Verwaltung der Engländer heraufbeschworene Notwendigkeit rechtfertigte. Die Königin gewährte Grace eine Audienz und war beeindruckt von der irischen Clanführerin. Tibbot wurde freigelassen und Grace erhielt einen Freibrief. Künftig durfte sie ihre Geschäfte zu Wasser und Land unbehelligt weiterführen, zu See allerdings nur unter englischer Flagge. Grace starb 1603, im gleichen Jahr wie Elizabeth I.

Verkehrsmittel

Die **O'Malley Ferries** fahren von Juni–Sept. drei Mal täglich vom Roonagh Quay in Louisburgh nach Clare Island (15 Min.). Infos und Online-Buchung: www.omalleyferries.com. Die **Clare Island Ferry** fährt die Insel das ganze Jahr an (www.clareislandferry.com).

35 Achill Island

Wo Heinrich Böll sein berühmtes »Irisches Tagebuch« schrieb

Information

■ Achill Island Tourist Office, Davitt Quarter, Achill Sound, Tel. 098/204 00, www.achilltourism.com

Heinrich Böll erwählte Achill Island deshalb zu seiner Zweitheimat, weil die Insel auf kleinstem Raum alle Landschaftsformen Irlands vereint: steil abfallende Klippen, lange Sandstrände, schroffe Felsbuckel, hohe Berge, weitläufige Hochmoore, dunkle Seen und satte, grüne Wiesen, auf denen Schafe weiden. Die meisten ausländischen Besucher kommen aus Deutschland und noch immer wegen des »Deserted Village«, das der Schriftsteller so ausführlich in seinem »Irischen Tagebuch« beschreibt. Die größte Insel Irlands ist durch eine Brücke mit dem Festland verbunden. Der ausgeschilderte Rundkurs Atlantic Drive führt rund um die Insel zu allen landschaftlichen Attraktionen und bietet atemberaubende Ausblicke, etwa auf die steilen Minaun Cliffs, die 240 m tief in den Atlantik stürzen. Das Heinrich-Böll-Cottage in Doogort, wo Böll von 1954 bis Anfang der 1980er-Jahre immer wieder wohnte und arbeitete, wird heute als Gästehaus für Künstler und Schriftsteller genutzt und kann deshalb nur von außen besichtigt werden.

Sehenswert

Deserted Village

| Ruinenlandschaft |

17 *Spaziergang durch ein weltbekanntes Geisterdorf*

»Das Skelett eines Dorfes, grausam deutlich in seiner Struktur«, schrieb Heinrich Böll über den verlassenen Ort mit rund 80 Ruinen an den Ausläufern des Mount Slievemore. Die Einwohner verließen das Dorf während der Großen Hungersnot. Würden nicht Schafe zwischen den Ruinen grasen, wäre der Ort regelrecht gespenstisch.

■ Der Deserted Village Walk beginnt auf dem Parkplatz am Strand von Dooagh

Carrickkildavnet Castle

| Turm |

Das vierstöckige Turmhaus, das zu den Nationaldenkmälern Irlands zählt, wurde 1429 von den O'Malleys errichtet und von Grace O'Malley als strategischer Stützpunkt genutzt, wenn sie auf der Insel weilte. Vom Turm aus hatte die Piratenkönigin die Clew Bay im Blick.

■ Carrickkildavnet liegt im Südosten der Insel, gegenüber der Corraun-Halbinsel – der Turm ist jederzeit zugänglich

Restaurants

€€ | **Bayside Bistro** Hübsches Bistro mit einer großen Auswahl an Seafood-Spezialitäten, Fisch, Burger, Fisch-Tacos, Salate, Pizza, hausgebackene Brote und Pies. ■ Keel East, Keel, Tel. 098/437 98, tgl. 12–21 Uhr

Übernachten

Im Westen findet man nur selten größere Hotels. Hier überwiegen kleine Gästehäuser und hübsche Bed&Breakfast-Adressen. Je weiter man sich von einem Ort entfernt, desto günstiger sind die Zimmerpreise, ganz besonders außerhalb der Sommersaison im Juli/August. Aber auch wunderschöne Schlösser und Herrensitze, die zu Hotels umfunktioniert werden, verteilen sich an der Westküste. Auch hier gilt die Faustregel: je entlegener das Domizil, desto günstiger. Angebote und nähere Informationen bieten die Websites www.manorhousehotels.com und bandbireland.com.

Halbinsel Beara 121

€€–€€€ | Beara Coast Hotel Von den Balkons des großen Boutique-Hotels blickt man auf Palmen, bunte Boote und den Hafen. Geräumige Zimmer, extrem freundliches Personal und gutes Frühstück. ■ Cametringane Point, Castletown Bearhaven, Castletownbere, Tel. 027/277 14 46, www.bearacoast.com

Ring of Kerry 122

€€ | Butler Arms Hotel In diesem Hotel am Meer nächtigten bereits Charlie Chaplin, Walt Disney, Michael Douglas und die Star-Wars-Crew VIII. April– Okt. ■ Waterville, Tel. 066/947 41 44, www.butlerarms.com

€€ | The Moorings Guesthouse 16 hübsch eingerichtete, komfortable Zimmer mit Hafenblick. In dem sehr familiären Ambiente von Patricia und Gerard Cassidy fühlt man sich wie zu Hause. ■ Portmagee, Tel. 066/947 71 08, www.moorings.ie

Halbinsel Dingle 126

€€ | Milltown House Sehr persönlich geführtes B&B, ruhig und fußläufig etwas außerhalb von Dingle gelegen. Kein Geringerer als Robert Mitchum wohnte hier 1969 während der Dreharbeiten zu »RyansTochter«. Vermietet werden 10 Zimmer, einige mit Blick auf die Bucht. Tolles Frühstücksbuffet. ■ The Wood, Dingle, Tel. 066/ 915 13 72, www.milltownhouse.com

Limerick 128

€€ | No. 1 Pery Square Hotel Das stilvolle Boutique-Hotel befindet sich im Georgian Quarter, und die Gästezimmer des um 1830 erbauten Stadthauses sind allesamt im Stil der georgianischen Epoche eingerichtet. Mit Spa-Bereich, Restaurant und Salon mit Torffeuer, an dem ganz stilvoll der Nachmittagstee serviert wird. ■ 1 Pery Sq., Georgian Quarter, Limerick, Tel. 061/ 40 24 02, www.oneperysquare.com

Burren 130

€–€€ | The Lodge B&B Hübsches B&B mit reichhaltigem Frühstück und freundlichen Gastgebern im Herzen der Musikstadt Doolin. ■ Ballyvara, Doolin, Tel. 065/707 48 88, www.doolin lodge.com

Birr 133

€€ | Country Arms Hotel Wunderschönes familiengeführtes Hotel in ländlicher Umgebung mit Pool und Fitness-Studio, exzellentem Restaurant und gemütlicher Bar. ■ Seefin, Tel. 057/912 07 91, www.countyarmshotel.com

Galway 136

€€ | The Twelve Hotel Das Design-Hotel mit hauseigener Bäckerei liegt 3 Fußminuten vom Pier und dem Meer entfernt. Die geräumigen Zimmer sind in einem Mix aus Modern und Klassisch eingerichtet. Großes Restaurant mit internationaler und irischer Küche. ■ Freeport, Barna, Tel. 091/59 70 00, www.thetwelvehotel.ie

Inishmore – Aran Islands 139

€–€€ | Pier House Uriges Gästehaus mit Restaurant am Hafen, Zimmer mit Meeresblick, herzliche Gastgeber, große Terrasse mit Sicht auf den Pier. ■ Stáisiun Doiteain, Killeany, Inishmore, Tel. 099/614 17, www.pierhousearan.com

Connemara 141

€ | Ard na Gaoithe B&B Gemütliches kleines Gästehaus mit freundlichen und hilfsbereiten Inhabern, die ihre Gäste vom Hafen abholen. Reichhaltiges Frühstück. ■ Old Lighthouse Rd., Cape Clear Island, Tel. 028/391 60, www.capeclearbandb.ie

€€ | Foyles Hotel Charmantes Hotel aus dem Jahr 1836 mit dem Flair vergangener Zeiten und Wahrzeichen von Clifden. Hübsche Zimmer, gemütliche Lobby mit offenem Kamin. Exzellentes hauseigenes Restaurant mit irischer Küche. ■ Main St., Clifden, Tel. 095/218 01, www.foyleshotel.com

Achill Island 147

€ | Atlantic Breeze B&B Gemütliche Zimmer, Frühstücksraum mit Blick auf das Meer und die Klippen. ■ Keel East, Achill Island, Tel. 086/358 32 05, www.atlanticbreeze-achill.com

€€ | McLoughlin's of Mulranny Neues B&B, Zimmer mit tollem Blick über die Clew Bay. Restaurant und Pub mit Live-Musik. ■ Achill Sound, Tel. 098/361 06, www.mcloughlinsofmulranny.ie

ADAC *Das besondere Hotel*

Übernachten Sie doch mal in einem Schloss! Zum Beispiel im **Abbeyglen Castle Hotel** aus dem Jahre 1832. Nobel logieren, in wunderschön gestalteten Zimmern, mitten im Grünen mit spektakulärem Blick auf die Twelve Bens Mountains und das Meer – und das Ganze ist (je nach Saison) gar nicht mal so teuer. Das Hotel bietet »Special Offers« an, Afternoon Tea inkl.
€€–€€€ | Sky Road, Clifden, Tel. 095/21201, www.abbeyglen.ie

Der Nordwesten – einsam, rau und ursprünglich

Unverfälschte Landschaft mit zerklüfteter Küstenlinie, langen Stränden und den höchsten Klippen Europas – ein Ziel für Individualisten

Hochmoore, Strände und einsame Buchten, zerklüftete Küstenregionen und Inseln wie Tory Island charakterisieren diesen Landesteil Irlands. Eine der größten Besucherattraktionen ist der Glenveagh National Park mit Moorlandschaften, Seen, unberührten Wäldern und den drei höchsten Bergen Donegals. Wie das Leben in der rauen Landschaft des Nordwestens im 18./19. Jh. war, dokumentiert das Glencolumbkille Folk Village Museum, und wie es mit der irischen Sprache steht, erfahren Besucher in der Irish Language School im gleichen Ort. Im Nordwesten finden Besucher neben viel Natur auch prachtvolle Herrensitze, wie das Lissadell House, schmucke Städtchen wie Donegal und in Sligo viel Kultur dank des Literaturpreisträgers William Butler Yeats, der hier oft die Sommermonate verbrachte.

In diesem Kapitel:

ADAC Top Tipps:

8 Glencolumbkille Folk Village
| Freilichtmuseum |
In dem Freilichtmuseum, das als kleines Dorf angelegt wurde, vermitteln strohgedeckte Bauern- und Fischerhäuser ein Bild des harten Lebens in der rauen Landschaft des Nordwestens vom 18.–20. Jh. Dass in jedem Haus der exakte Nachbau einer Wohnung aus der damaligen Zeit untergebracht ist, macht das Dorf besonders authentisch. 156

ADAC Empfehlungen:

18 Lissadell House and Gardens, bei Sligo
| Schloss |
Das prächtige Herrenhaus war das Zuhause der rebellischen Gore-Booth-Schwestern. Die eine kämpfte für die irische Unabhängigkeit, die andere für Frauenrechte. 153

19 Donegal Bay

| Bootstour |

Bei der Bootstour geht es durch die Bucht von Donegal, vorbei an steil abfallenden Klippen wie den Slieve League, Seehundkolonien, Langustenplätzen, Seevögeln und historischen Orten. 154

20 Tory Island

| Insel |

Am entlegensten bewohnten Ort Irlands regiert der einzige frei vom Volk gewählte König Europas – und führt, sofern es seine Zeit erlaubt, interessierte Besucher gerne über seine Insel. 158

36 Sligo

Eine Stadt, die ganz im Zeichen von William Butler Yeats (1865–1939) steht

Information

■ Tourist Information Centre, Old Bank Building, O'Connell St., Sligo, Tel. 071/ 916 21 01, www.sligotourism.ie

In der Hauptstadt der gleichnamigen Grafschaft ist es fast unmöglich, sich dem Leben und Wirken des großen Dichters W. B. Yeats zu entziehen, der einen Teil seiner Kindheit hier verbrachte und immer wieder nach Sligo zurückkehrte. Die Gegend um den Tafelberg Ben Bulben, Drumcliff und Lissadell wird als Yeats Country bezeichnet, da viele seiner Werke von dieser Region geprägt wurden. Jährlich findet ihm zu Ehren die Yeats International Summer School statt, an der Literaturwissenschaftler und Studenten aus aller Welt teilnehmen.

Sehenswert

Sligo County Museum

| Museum |

Schwerpunkt der Ausstellung ist der Yeats Room mit Manuskripten, Memorabilia, Erstausgaben, Fotografien und einer Kopie der Nobelpreismedaille des Dichters. Auch Bilder seines Bruders Jack B. Yeats sind zu sehen.

■ Stephen St., Tel. 071/911 16 79, Mai–Sept. Di–Sa 9.30–12.30 u. 14–16.50, Okt.–April Di–Sa 9.30–12.30 Uhr, Eintritt frei

Drumcliff

| Grabstein |

In dem Dörfchen am Fuße des Tafelbergs Ben Bulben liegt das Grab von Yeats. Der Stein trägt die Inschrift: »Cast a cold Eye on Life, on Death. Horseman pass by« (Wirf einen kalten Blick auf das Leben, auf den Tod und dann, Reiter, zieh weiter). Die Worte stammen aus Yeats' Gedicht »Under Ben Bulben«.

■ Drumcliff liegt 8 km nördl. von Sligo Town, Friedhof der St. Columba's Church

Pilgerziel für Literaturfans: das Grab des Schriftstellers W. B. Yeats in Drumcliff

Lissadell House and Gardens

| Schloss |

(18) *Das Elternhaus der rebellischen Gräfin Markievicz*

Das viktorianische Herrenhaus wurde 1830 für Sir Robert Gore Booth und seine Familie errichtet und war bis 2003 in Familienbesitz. Berühmt-berüchtigt wurde die Familie durch die Schwestern Eva und Constance Gore Booth. Die Malerin Constance (1868–1927), die 1900 den polnischen Grafen Markievicz heiratete, war in der nationalistischen Frauenorganisation »Töchter Irlands« aktiv und trat 1908 in die Sinn-Féin-Partei ein. Sie beteiligte sich als militante Frontkämpferin am Osteraufstand 1916, wurde daraufhin verhaftet, nach einer Generalamnesie ein Jahr später aber wieder freigelassen. 1919 wurde sie im neu gebildeten irischen Parlament zur Arbeitsministerin ernannt. Die Dichterin Eva Gore Booth (1870–1926) lebte mit einer Frau zusammen, setzte sich für die gleichgeschlechtliche Liebe, Frauenrechte und das Frauenwahlrecht ein. Beide Schwestern waren mit Yeats befreundet, der in jungen Jahren im Lissadell House ein- und aus ging. Die Familiengeschichte wird bei einer Führung vom Urenkel eines Butlers erzählt, der 70 Jahre lang auf Lissadell in Diensten stand.

■ Ballinfull (11 km nördl. von Sligo Town), www.lissadellhouse.com, Frühjahr/Sommer tgl. 10–18 Uhr, nur im Rahmen einer Führung, 14 €, erm. 12 €

Restaurant

€–€€ | **Bistro Bianconi** Das familiengeführte Lokal bietet italienische Küche vom Feinsten. ■ Tobergal Ln., Tel. 071/914 17 44, www.bistrobianconi.ie, tgl. ab 17 Uhr

Im Blickpunkt

Die irische Sprache

Auch wenn mehr Englisch als Irisch gesprochen wird, ist Irisch laut Verfassung die offizielle Amtssprache Irlands. Sie ist keltischen Ursprungs und war bis zum 18./19. Jh. die einzige Sprache, die von den Iren gesprochen wurde. Durch die Invasion der Engländer und den Aufschwung des Englischen als Handelssprache lernten immer mehr Iren Englisch. Die Regionen, in denen heute vorwiegend Irisch gesprochen wird, werden Gaeltacht genannt. Diese befinden sich v. a. an der Westküste, in den Grafschaften Cork, Donegal, Galway, Kerry und Mayo sowie im Osten in Meath und im Süden von Waterford. Orts- und Straßenschilder sowie Gedenktafeln sind zweisprachig beschriftet, in Teilen der Gaeltacht ausschließlich auf Irisch. Vor der Unabhängigkeit Irlands durfte auf Geheiß der Engländer in Schulen nicht auf Irisch unterrichtet werden. Heute ist die alte Sprache Pflichtfach. In Dublin gibt es bereits zwölf Schulen, in denen der Unterricht in der offiziellen Landessprache stattfindet.

In der Umgebung

In **Carrowmore,** 4 km südl. von Sligo, befindet sich der größte steinzeitliche Friedhof Irlands. Die ältesten der rund 50 noch erhaltenen Gräber und Dolmen gehen auf das 4. Jt. v. Chr. zurück.

■ Ausgeschildert, April–Okt. tgl. 10–18 Uhr, letzter Einlass 17 Uhr, Eintritt 3 €

37 Donegal

Perfekter Ausgangspunkt für Touren in den Nordwesten des Landes

Information

■ Tourist Information Office, The Quay, Donegal, Tel. 074/972 11 48, www.donegaltown.ie

Mittelpunkt des Städtchens ist der dreieckige Platz The Diamond, um den herum zahlreiche Geschäfte, Pubs und Restaurants liegen. Wahrzeichen des Platzes ist ein Obelisk zu Ehren der »Four Masters«, vier Franziskanermönche der einstigen Donegal Abbey. Ihre Schrift »Annals of the Four Masters« gilt als wichtigste Quelle der keltischen Mythologie. Vom Kloster, das nur einen Steinwurf vom Diamond entfernt liegt, ist heute nicht mehr viel zu sehen. Bei einem Händel zwischen Mitgliedern des mächtigen O'Donnell-Clans geriet das Pulvermagazin in Brand und zerstörte das Kloster.

Sehenswert

Donegal Castle

| Schloss |

Die Burg auf einem Felssporn über dem Fluss war das Zuhause von Hugh Rory O'Donnell, 1st Earl of Tyrconnell. Die Burg soll eines der schönsten Schlösser Irlands gewesen sein. »It is the greatest I ever saw in an Irishman's hands«, sagte der Lord Deputy of Ireland 1566. Als die Engländer versuchten, die lokalen Clan-Chefs zu entmachten, indem sie sich ihrer Burgen bemächtigten, kam ihnen O'Donnell zuvor, brannte seine Burg bis auf die Grundmauern nieder und floh zusammen mit anderen Grafen (Flight of the Earls) nach Frankreich. Die Ruine ging an den Engländer Basil Brooke über, der auf den Grundmauern ein Renaissance-Schloss errichten ließ.

■ Mitte März–Ende Okt. tgl. 10–18, Nov.–Mitte März 9.30–16.30 Uhr, letzter Einlass 45 Min. vor Schließung, 5 €, erm. 4 €

Donegal Bay

| Bootstour |

19 *Sightseeing mit dem Waterbus – auf dem Wild Atlantic Way*

Die 75-minütige Bootstour durch die Bucht von Donegal, vorbei an den Steilklippen von Slieve League, der Seehundkolonie auf Seal Island und den Inseln in der Donegal Bay ist ein Erlebnis. Während der Fahrt kommentiert der Tourguide alle Sehenswürdigkeiten mit irischem Humor.

■ Quay St., Tel. 074/972 36 66, Fahrplan: www.donegalbaywaterbus.com, Preis 20 €, erm. 12 €

Restaurants

€–€€ | **The Olde Castle Bar** Bestes Seafood- und Fischrestaurant der Stadt, aber auch Fleisch- und vegetarische Gerichte. ■ Castle St., Tel. 074/972 12 62, www.oldecastlebar.com, tgl. ab 12 Uhr

Einkaufen

Magee's Magee's ist Irlands führendes Geschäft für Tweed. Die Stoffe werden seit 1866 in der eigenen Fabrik im 28 km entfernten Ardara hergestellt. ■ The Diamond, Tel. 074/972 26 60, www.magee1866.com

Oft windumtost und meerumspült: die berühmten Felsen »Table and Chair« an der Steilküste Slieve League

38 Glencolumbkille

Pilger- und Sehnsuchtsziel für alle, die das »alte Irland« suchen

Der Name des Ortes, der aus einer kurzen Hauptstraße und ein paar verstreut liegenden Häusern besteht, geht auf den hl. Columban zurück und bedeutet »Tal der Kirche des Columban«. Auch die Schreibweise »Glencolmcille« ist üblich. Der Mönch und Missionar soll hier im 6. Jh. ein Kloster gegründet haben. Am Columbkille Feast Day, der jedes Jahr am 9. Juli stattfindet, umrunden um Mitternacht Gläubige den Ort, wo das Kloster gestanden haben soll, und gehen anschließend zur Messe in die Kirche. Und in den Sommermonaten strömen Sprachbegeisterte aus aller Welt in den kleinen Gaeltacht-Ort, um an der hier ansässigen Irish Language School Irisch zu lernen.

■ Infocenter im Folk Village

Sehenswert

Glencolumbkille Folk Village

| Freilichtmuseum |

8 *Zeugnis des entbehrungsreichen Landlebens von einst*

Das Freilichtmuseum besteht aus vier strohgedeckten, vollständig eingerichteten Cottages, die die Lebensumstände der Fischer und Bauern vom 17.–19. Jh. widerspiegeln, wobei jedes Haus für eine bestimmte Ära der irischen Geschichte steht. Zu sehen sind ein Pub-Grocer, eine Art Tante-Emma-Laden mit Pub, eine Dorfschule, ein Wohnhaus und eine Fischerhütte mit nur einem Raum. Gegründet wurde das Museumsdorf 1967 von Pfarrer

Steinkreuze erinnern an den hl. Columban, der hier einst in der Einsamkeit lebte

James McDyer, der damit den Tourismus ankurbeln wollte in einer Gegend, aus der immer mehr Menschen abwanderten. Das Dorf ist deshalb auch als Father McDyer's Folk Village Museum bekannt.

■ Dooey, www.glenfolkvillage.com, Ostern–Sept. Mo–Sa 10–18, So 11–18, ab Okt. 11–16.30, So 12–16.30 Uhr, 6 €, erm. 5 €

39 Glenveagh National Park

Seen, Schluchten und Wälder, so weit das Auge reicht

Information

■ Visitor Centre, Church Hill, Letterkenny, Tel. 076/100 25 37, www.glenveagh nationalpark.ie, Mitte März–Okt. tgl. 9.15–17.30, sonst tgl. 9–17 Uhr, Einlass bis 1 Std. vor Schließung, Eintritt frei

Aus dem einstigen fast 100 km² großen Privatbesitz von Landspekulant John George Adair wurde Irlands größter Nationalpark. Mitte des 19. Jh. kaufte Adair benachbarte Landzellen und machte aus ihnen Glenveagh, eine der wenigen unberührten Landschaften Irlands. Mit schroffen Bergen, Moorland, tief eingeschnittenen Tälern, einsamen Seen und Steinadlern, die am Himmel ihre Kreise ziehen, fast eine Welt für sich, in die sich nur wenige Touristen aus dem Ausland verirren. Der Park beherbergt eine der größten Rotwildherden Irlands. Das Visitor Centre am Eingang informiert mit Broschüren und Filmen über die Pflanzen und Tiere sowie die Geschichte des Parks. Hinter dem Gebäude befindet sich ein Naturlehrpfad.

Im Glenveagh National Park ist die Natur wieder sich selbst überlassen

Sehenswert

Glenveagh Castle

| Schloss |

Das Schloss am südlichen Ufer des Lough Veagh wurde 1867–73 im Auftrag von John George Adair errichtet und nach seinem Ableben 1885 von seiner Frau Cornelia ausgebaut, die auch die Gärten anlegen ließ. Nach ihrem Tod 1929 erwarben der amerikanische Historiker und Multimillionär Arthur Kingsley Porter und seine Frau Lucy das Anwesen. Porter verschwand vier Jahre später bei einem Spaziergang auf Inishbofin spurlos und sollte nie wieder auftauchen. Die anschließende gerichtliche Untersuchung war

die erste des Landes, die ohne vorhandene Leiche durchgeführt wurde. Das Buch »Glenveagh Mystery« der irischen Autorin Lucy Costigan, das sich mit Porters Verschwinden befasst, wurde 2012 veröffentlicht.
1937 war der reiche Kunstsammler Henry McIlhenny aus Philadelphia Herr über Land und Schloss. Zu seinen Zeiten gingen Prominente wie Greta Garbo, James Stewart und Yehudi Menuhin auf Glenveagh ein und aus. 1975 verkaufte er den gesamten Landbesitz an das Office of Public Works, damit dieses den Nationalpark gründen konnte. Garten und Schloss samt einem Großteil der Einrichtung schenkte er 1981 der Nationalparkverwaltung. Park und Schloss sind seit Mitte der 1980er-Jahre für die Öffentlichkeit zugänglich.

ADAC *Wussten Sie schon?*

Auf Tory Island regiert der letzte König Irlands
Die 200 Einwohner wählen seit dem 6. Jh. ihren eigenen König. Amtierender Monarch ist seit 1993 der Kunstmaler und Musiker Patsaí Dan Mac Ruairí (englisch: Patsy Dan Rodgers), der besser Irisch als Englisch spricht. Er hat weder einen Hofstaat noch einen Palast, und statt einer Krone trägt er eine Skipper-Mütze. Zu seinen Pflichten gehört es, Besucher über die Insel zu führen und im Pub für seine Untertanen Akkordeon zu spielen. Wie jeder moderne Monarch informiert er über sein Tun und Lassen auf seiner Website: *www.littleireland.ie/patsydan rodgers*

■ Glenveagh Castle, Mitte März–Okt. tgl. 9.15–17.30, sonst tgl. 9–17 Uhr. Vom Visitor Centre des Nationalparks sind es 4 km bis zum Schloss. Der letzte Bus vom Visitor Centre zum Schloss fährt um 15.45 Uhr, Schloss 7 €, erm. 5 €

40 Tory Island

20 *Der entlegenste bewohnte Ort der Republik Irland*

Information

■ Comharchumann Oileán Thoraí, Tel. 074/913 55 02, www.oileanthorai.com

Die knapp 200 Bewohner der abgelegenen Insel 12 km vor der irischen Nordwestküste leben noch entsprechend der traditionellen irischen Kultur, die Erstsprache ist Irisch. Das Eiland, das nur 4 km lang und an einigen Stellen nur wenige hundert Meter breit ist, besteht aus den beiden Häuseransammlungen East Town und West Town. Sehenswürdigkeiten sind das 2 m hohe Tau Cross (Antoniuskreuz) aus dem 12. Jh. im Hafen, von denen es in Irland nur zwei gibt, The Bell Tower, ein im 7. Jh. als Glockenturm benutzter Rundturm, sowie die Reste einer mittelalterlichen Kirche.
Aufgrund seiner isolierten Lage sollte die Insel 1978 geräumt, die Bewohner mit kostenlosen Wohnungen und Jobangeboten aufs Festland gelockt werden. Dafür, so die Pläne, würden u.a. ein Gefängnis, eine Quarantänezone und ein Schießplatz auf Tory Island errichtet werden. Doch keiner der Insulaner wollte sein Inselreich verlassen, woraufhin man behördlicherseits den Plan wieder aufgab. Jährlich kommen rund 10 000 Tagestouristen nach Tory Island.

Übernachten

Im rauen Nordwesten Irlands findet man zahlreiche preiswerte B&Bs in ländlicher Umgebung, kleine Hotels, gemütliche Guest Houses und darüber hinaus Leuchttürme bzw. Leuchtturmwärterunterkünfte, die in Self-Catering-Unterkünfte verwandelt wurden. Hier verfügt man über eine eigene Küche und ist nicht von Öffnungszeiten der Restaurants in ländlichen Gegenden abhängig, die zudem oft nur irische Küche und wenig Auswahl bieten. Übernachten Sie doch mal in Strandnähe oder in einem Farmhaus auf dem Land! Einen guten Überblick über das vielfältige Angebot bietet die Website www.bandbireland.com.

Sligo 152

€ | **Ardtarmon House** Das B&B in dem herrschaftlichen, efeubewachsenen Haus an der Bucht von Sligo besteht bereits seit 1852. Elegante, individuell eingerichtete Zimmer. ■ Ballinfull, Drumcliff, Tel. 071/916 31 56, www.ardtarmon.com

€ | **Millhouse B&B** Ruhig gelegenes, preisgekröntes 4-Sterne-B&B in hübschem Haus mit Garten und Tennisplatz. Die Gastgeber, Noreen und Peter Mullin, sind sehr herzlich und hilfsbereit. Köstliches Frühstück, v.a. Noreens selbst gebackene Brote sind eine Übernachtung wert! ■ Keenaghan, Ballymote, Tel. 071/918 34 49, www.sligo-accommodation.com

€–€€ | **Sligo Park Hotel & Leisure Club** Das Hotel in Parklage am Stadtrand verfügt über Pool, Fitnessraum und Sauna. Gemütliche Zimmer mit hohen Fenstern. Üppiges Frühstücksbuffet. ■ Pearse Rd., Tel. 071/919 04 00, www.sligoparkhotel.com

Donegal 154

€ | **Drumcorroy House** Das Farmhouse B&B liegt 7 km nordöstlich von Donegal und bietet einen herrlichen Blick auf die Blue Stack Mountains. Hübsche Zimmer, nette Gastgeber und irisches Frühstück mit hausgemachtem Schwarzbrot. ■ Druminin, Barnesmore, Tel. 074/972 23 35, www.drumcorroyhouse.com

€–€€ | **Bay View Hotel & Leisure** Das Hotel in Strandnähe liegt an der Donegal-Bucht und verfügt über einen Innenpool, Fitnessmöglichkeiten und ein Restaurant. Tipp: Zimmer mit Meerblick. ■ Main St., Killybegs, Tel. 074/973 19 50, www.bayviewhotel.info

€€ | **The Gateway Lodge** Das moderne Boutique-Hotel im Herzen der Stadt punktet mit renovierten hellen Zimmern, zentraler Lage auf einer Anhöhe, Parkplätzen und nettem Personal. Irisches Frühstück. ■ Killybegs Rd., Donegal Town, Tel. 074/974 04 05, www.thegatewaydonegal.ie

Tory Island 158

€ | **Óstán Radharc Na Céibhe (Tory Island Harbour View Hotel)** Das einzige Hotel der Insel hat 12 Zimmer und einen Pub. ■ West Town, Tel. 074/913 59 20, www.hoteltory.com

Nordirland – magische Orte und viel Geschichte

Nach jahrzehntelangen Konflikten glänzt die einstige »Unruheprovinz« heute mit Attraktionen, die den Besuch lohnenswert machen

Windumtoste Küsten, spektakuläre Naturwunder wie der Giant's Causeway, Schlossruinen, Sandstrände und sattgrüne Wiesen – Nordirland, das zu Großbritannien gehört, ähnelt landschaftlich der Republik und ist dennoch ein anderes Land. Davon zeugen v.a. die katholisch und protestantisch geprägten Stadtviertel in Belfast und Derry mit Mauern und monumentalen Wandmalereien – Szenen, die an die Jahre der »Troubles« erinnern. Die Schönheit dieses Landstrichs und die belebten Einkaufsstraßen der Städte mit Boutiquen, Restaurants, Straßencafés, Straßenmusikern und -künstlern lassen heute kaum erahnen, dass hier jahrzehntelang Gewalt und Bombenterror vorherrschten. Das Zusammenleben der protestantisch geprägten Unionisten und der katholischen Republikaner verläuft heute friedlich.

In diesem Kapitel:

ADAC Top Tipps:

9 Giant's Causeway
| Naturwunder |
40 000 gleichmäßig geformte Basaltsäulen: Der Sage nach ist das größte Naturwunder Nordirlands das Werk eines Riesen. 164

10 Titanic Belfast
| Museum |
Interaktive Installationen dokumentieren die Geschichte des Luxusliners von der Planung über den Bau bis hin zur Tragödie. 167

ADAC Empfehlungen:

21 Museum of Free Derry
| Museum |
Den »Bloody Sunday« in einer Ausstellung hautnah erleben. 162

22 Dunluce Castle
| Burg |
Die mittelalterliche Burg auf einer Klippe bietet eine filmreife Kulisse. 165

23 Linen Hall Library, Belfast

| Bibliothek |

Einzigartige Atmosphäre in Nordirlands ältester Bibliothek. 167

24 Peace Line und International Wall Murals, Belfast

| Denkmal |

Im Hotspot des Nordirland-Konflikts wird die Geschichte mit Malereien an Hausfassaden lebendig. 169

25 Kelly's Cellar, Belfast

| Kneipe |

Auf ein Pint in den Pub, wo sich ab 1791 die irischen Revolutionäre zum Gedankenaustausch trafen. 169

41 Derry (Londonderry)

Vom Zentrum der »Troubles« zur britischen Kulturhauptstadt

Information

■ Tourist Information Centre, 44 Foyle St., Derry, Tel. 028/71 26 72 84, www.visitderry.com

Die Einwohner streiten sich seit Jahrzehnten über den Namen der Stadt. Die Katholiken nennen sie Derry, die unionistischen Protestanten Londonderry. Weil sie sich nicht einig sind, lautet die offizielle Schreibweise Derry ~ Londonderry mit geschwungenem Bindestrich, scherzhaft »Stroke City«. Zwei Drittel der Bürger sind katholisch und leben in der Unterstadt Bogside, die protestantische Minderheit in der befestigten Altstadt auf einem Hügel. Die Stadtmauer samt vier Toren rund um die Altstadt wurde im 16. Jh. errichtet und ist immer noch intakt. Viele Stellen der Befestigungswälle bieten eine herrliche Sicht über die Stadt und die Bogside. Umgekehrt hat man von der darunter liegenden Bogside einen wunderbaren Blick auf die Stadtmauer. »You are now entering Free Derry«, steht an einer Wand auf einer Verkehrsinsel am Eingang zur Bogside. Monumentale Wandmalereien auf zahlreichen Häusern erzählen von den Jahren des Bürgerkriegs.

Seit den Jahren des blutigen Nordirlandkonflikts, in denen rund 5400 Häuser in Schutt und Asche lagen, hat sich Derry so verändert, dass es 2013 sogar als erste Stadt im Vereinigten Königreich zur Kulturhauptstadt (UK City of Culture) ernannt wurde.

Sehenswert

Museum of Free Derry

| Museum |

21 *Beeindruckende Gedenkstätte des »Bloody Sunday«*

Das umgebaute, im Februar 2017 wiedereröffnete multimediale Museum befindet sich dort, wo sich am »Bloody Sunday« dramatische Szenen abspielten. In Schaukästen werden Kleidungsstücke und andere Gegenstände der Getöteten gezeigt. An den Wänden Fotos, Poster und Zeitungsausschnitte, aus Lautsprechern tönen Protestrufe, Schüsse der Soldaten und Schreie der Demonstranten. Filme dokumentieren das Geschehen. Das Museum besitzt 20 000 individuelle Artefakte, die in Sonderausstellungen gezeigt werden. Am 30. Januar 1972 hatten sich 30 000 Menschen im katholischen Stadtteil Creggan versammelt, um gegen die Internierungspraxis der Engländer zu protestieren. Die Demonstration verlief friedlich bis zur Kundgebung, als plötzlich britische Fallschirmjäger das Feuer auf unbewaffnete Demonstranten eröffneten. 14 Menschen starben, darunter sechs 17-Jährige. Der Tag markierte den Wendepunkt im Nordirlandkonflikt. Die IRA erhielt mehr Zulauf denn je, die Gewaltspirale war nicht mehr zu stoppen, und Nordirland verwandelte sich in ein Schlachtfeld. Im Juni 2010 nannte der damalige britische Premier David Cameron das Vorgehen der Armee unverantwortlich und ungerechtfertigt und entschuldigte sich bei den Hinterbliebenen der Opfer.

■ 55 Glenfada Park, www.museumoffreederry.org, Mo–Fr 9.30–16.30, Sa (nur April–Sept.) 13–16, So (nur Juli–Sept.) 13–16 Uhr, 6 £, erm. 5 £

Im Blickpunkt

Der Nordirlandkonflikt

Die Ursache des Konflikts (1969–98), den die Engländer »The Troubles« nennen, liegt im Jahr 1607, als der irische Adel fluchtartig die Insel verließ. Die britische Regierung verteilte deren Land an englische Protestanten, siedelte diese systematisch in der Provinz Ulster an und nahm den Iren die Bürgerrechte. Mit der Unabhängigkeit der Republik Irland erfolgte die Teilung des Landes, wobei die Grenze dort gezogen wurde, wo die protestantische Mehrheit lebte. Die Katholiken blieben eine diskriminierte Minderheit, die bis 1969 nicht einmal einen Abgeordneten im Parlament hatte. 1967 entstand die Bürgerrechtsbewegung Northern Ireland Civil Rights Association, die Protestmärsche gegen die Unterdrückung organisierte, bei denen es immer wieder zu Straßenkämpfen kam. England stationierte über 20 000 Soldaten im Land, was die Stimmung nur noch mehr aufheizte. Als am »Bloody Sunday« 1972 14 unbewaffnete Demonstranten von britischen Soldaten erschossen wurden, mobilisierte sich die IRA; der bewaffnete Kampf zwischen protestantischen Unionisten und der IRA nahm seinen Anfang. Erst 1994 kam es zu Verhandlungen zwischen der Sinn-Féin-Partei, dem politischen Arm der IRA, und britischen sowie irischen Regierungsvertretern, in deren Folge die IRA einen Waffenstillstand proklamierte. Britische Truppen wurden abgezogen, Grenzkontrollen zur Republik Irland aufgehoben. Zum endgültigen Frieden kam es 1998 mit dem Karfreitagsabkommen, das die Entwaffnung der IRA sowie die Schaffung eines nordirischen Parlaments vorsah, in dem sich Katholiken und Protestanten die Macht teilen sollten. Die Regierungsbildung war nicht einfach. Erst seit 2007 wird Nordirland vom Parlament in Stormont bei Belfast regiert.

Sie bieten viel Stoff für Legenden: die Basaltsäulen des Giant's Causeway

Tower Museum

| Museum |

Mittels modernster Technik erzählt das Museum, das in einem historischen Turm und angrenzenden Kellerräumen untergebracht ist, die Geschichte der Stadt seit dem frühen Mittelalter. Ein Highlight ist die Ausstellung mit Gegenständen aus dem Schiffswrack La Trinidad Valencera der spanischen Armada, das 1588 vor der Küste von Antrim auf Grund lief und auseinanderbrach.

■ Union Hall Pl., www.derrystrabane.com/towermuseum, tgl. 10–17.30 Uhr, letzter Einlass 16 Uhr, 4 £, erm. 2,40 £

Restaurants

€–€€ | Spaghetti Junction Authentische italienische Küche im Herzen der Bogside. Aldo Magnifico hat sein Restaurant so gestaltet, dass sich die Gäste wie in Italien fühlen. ■ 46 William St., Tel. 028/71 41 42 42, www.spaghettijunctionderry.co.uk, Mo geschl.

42 Giant's Causeway

9 *Der Damm des Riesen – ein beeindruckendes Naturwunder*

■ Visitor Centre, 44 Causeway Rd., Bushmills, www.nationaltrust.org.uk/giants-causeway, Nov.–Feb. tgl. 10–16, März–Mai bis 17, Juni bis 18, Juli, Aug. bis 19, Sept. bis 18 Uhr, 11,50 £

Das Naturwunder besteht aus knapp 40 000 ineinandergreifenden Basaltsäulen, die sich vor 50–60 Mio. Jahren geformt haben, vermutlich als Folge eines Vulkanausbruchs.

Der Legende nach baute der Riese Fionn Mac Cumhaill den Damm aus Klippen damit sein schottischer Widersacher Benandonner, den er zum Kampf herausgefordert hatte, nach Irland kommen konnte. Als Fionn aber Benandonner sah, war er von dessen Größe so beeindruckt, dass er nach Hause floh und sich als Baby tarnte. Benandonner erschrak beim Anblick

des Riesenbabys, und die Vorstellung, wie groß der Vater dann erst sein müsse, veranlasste ihn zur Flucht. Er lief nach Schottland zurück und zerstörte dabei den Damm hinter sich.
In der Nähe führt eine Hängebrücke (nur für Schwindelfreie!) auf die unbewohnte Insel Carrick-a-Rede.

Sehenswert

Dunluce Castle

| Burg |

22 *Mittelalterliche Burgruine mit spektakulärem Atlantik-Blick*

Die schönste Ruine Irlands thront auf einem Basaltfelsen 30 m über dem Meer. Ab dem frühen 16. Jh. Stammburg des McQuillan-Clans, fiel sie 1584 in die Hände der MacDonnells, die bis zum 17. Jh. über Antrim herrschten. Die Burg wurde 1639 aufgegeben, nachdem die Küche samt Personal ins Meer abgerutscht war. Sie diente als Filmkulisse, z. B. für »Game of Thrones«.

■ 87 Dunluce Rd., Bushmills, www.discovernorthernireland.com, tgl. 10–17 Uhr, 5,50 £, erm. 3,50 £

43 Antrim Coast Road

Die schönste Küstenstraße des Nordens, Schottland in Sichtweite

Die 1832–42 gebaute Küstenstraße erstreckt sich von Ballycastle bis Larne über 40 km und führt vorbei an hoch aufragenden Klippen, einsamen Sandstränden, malerischen Dörfern und

Gefällt Ihnen das?

Dann sollten Sie den imposanten **Slea Head Drive** (S. 126) auf der Halbinsel Dingle nicht verpassen.

Wo das Autofahren so richtig Spaß macht: auf der Antrim Coast Road

Tälern. An der Cushendun Scenic Route liegen mehrere Aussichtspunkte, an denen man bei klarer Sicht bis nach Schottland sehen kann.

Sehenswert

Glenariff Forest Park

| Park |

Ein besonders schönes Tal, zu dem sich von der Antrim Coast Road ein Abstecher lohnt, ist Glenariff, das mit seinen Hochplateaus, Wäldern und Wasserfällen den britischen Schriftsteller William Thackeray an die Schweiz erinnerte. Nicht verpassen sollte man den einstündigen Rundweg vom Parkplatz am Manor Lodge Restaurant zu den Wasserfällen.

■ www.discovernorthernireland.com

44 Belfast

Nordirlands Hauptstadt – eine Kunst- und Kulturmetropole

Prunkvollstes Gebäude und Wahrzeichen von Belfast: die imposante City Hall

Information

- Tourist Information Centre, 9 Donegal Sq. N, Belfast, Tel. 028/90 24 66 09, www.visitbelfast.com
- Parken: siehe S. 168

Im Vergleich zu anderen irischen Metropolen ist Belfast eine junge Stadt. Gegründet wurde sie im 17. Jh. als protestantische Kolonialstadt. Ein Jahrhundert später war sie das Zentrum der industriellen Revolution Irlands. Mit der Teilung des Landes 1921 und dem darauf folgenden Bürgerkrieg begann der wirtschaftliche Niedergang der nordirischen Hauptstadt, die »Troubles« 50 Jahre später gaben ihr den Rest. Mit dem Friedensprozess ab 1994, dem Bauboom der letzten Jahre und der Eröffnung des Museums Titanic Belfast ist die Metropole heute ein beliebtes Städtereiseziel geworden.

Sehenswert

1 City Hall

| Rathaus |

Mit seiner neoklassizistischen Front, der über 50 m hohen Kuppel und den vier Türmen ähnelt das Rathaus fast einem Schloss. Als 1888 Pläne für den Bau angefertigt wurden, war Belfast noch vor Dublin die größte Stadt Ir-

Plan S. 168

lands. Seit 1906 ist das Gebäude Sitz des Stadtrats. Die prunkvoll ausgestattete Empfangshalle glänzt mit italienischem Marmor, Statuen, Stuck und prachtvollen Treppen. Besichtigt werden können im Rahmen einer Führung die große Halle, die Kuppel, die Ratskammer und die Ankleidezimmer, in denen seinerzeit die Ratsherren in ihre Roben schlüpften. In den Gärten des Rathauses befindet sich der Titanic Memorial Garden, in dem eine Statue an die Ertrunkenen des Schiffsunglücks erinnert. Auf einer Gedenktafel sind die Namen der 1512 Passagiere und Crew-Mitglieder aufgelistet, die damals ums Leben kamen.

■ Donegall Sq., www.belfastcity.gov.uk. Besichtigungen nur im Rahmen von (kostenlosen) Führungen: Mo–Fr 11, 14, 15 (Juni–Sept. auch 10, 16 Uhr), Sa, So 12, 14, 15 (Juni–Sept. auch 16 Uhr)

2 Linen Hall Library

| Bibliothek |

23 *Belfasts älteste Bibliothek ist eine Fundgrube für Historiker*

In der 1788 gegründeten Bibliothek befindet sich u.a. ein Archiv mit einer Sammlung von 250 000 Artikeln zum Nordirlandkonflikt. Das Ambiente der alten Räume lädt zum Verweilen ein.

■ 17 Donegall Sq. North, www.linenhall.com, Mo–Fr 9.30–17.30, Sa 9.30–16 Uhr, Eintritt frei

3 Titanic Belfast

| Museum |

10 *Beeindruckend – die größte Titanic-Ausstellung der Welt*

Mit seinen wie riesige Schiffsbuge emporschießenden vier Baukörpern in Aluminiumverkleidung ist das Gebäude eine architektonische Augenweide. Hier auf dem Gelände der Werft von Harland & Wolff lief die Titanic nach zwei Jahren Bauzeit 1912 zur Jungfernfahrt nach Southampton aus. In den Räumen des gigantischen Erlebniszentrums, das 100 Jahre nach der Katastrophe eröffnet wurde, erfahren Besucher in einer multimedialen Ausstellung inklusive Geräuschen, Gerüchen und Rekonstruktionen bis ins kleinste Detail alles vom Bau bis zum Untergang des Luxusdampfers.

■ 1 Olympic Way, Queens Rd., www.titanicbelfast.com, Jan.–März tgl. 10–17,

ADAC *Mobil*

In Belfast gibt es 31 städtische **Parkplätze,** wovon 14 kostenlos sind. Eine Karte und Liste mit den Parkplätzen findet man auf www.belfastcity.gov.uk/tourism-venues/carparking/carparks.aspx.

April, Mai 9–18, Juni–Aug. 9–19, Sept. 9–18, Okt.–Dez. 10–17 Uhr, letzter Einlass 1,5 Std. vor Schließung, 18,50 £, erm. 15 £

4 W5 Discovery Centre

| Wissenschaftszentrum |

W5 steht für die fünf Ws in »Wer-was-wo-wann-warum«. In den mehr als 250 interaktiven Ausstellungen im Wissenschafts- und Entdeckungszentrum wird Kindern aller Altersgruppen und Erwachsenen die Wissenschaft (z.B. die physikalischen Gesetze) auf unterhaltsame Art und Weise erklärt. Die Kleineren haben vor allem in der Space Base viel Spaß, wo sie in Spielzeugraketen klettern und sich als Raumforscher betätigen dürfen.

■ 2 Queens Quay, https://w5online.co.uk, Mo–Sa 10–18, Sa 12–18 Uhr, letzter Einlass 17 Uhr, 9,80 £, Kinder 7,50 £

5 Botanic Gardens

| Botanischer Garten |

Ein duftender Rosengarten, Blumen aus dem Süden, Gewächshäuser und Bananenstauden, eine tropische Schlucht mit Orchideen – mit einer Gesamtfläche von knapp 110 000 m² ist der 1828 angelegte Garten eine Oase der Idylle und Ruhe im geschäftigen Belfast. Prunkstück ist das Palmenhaus, ein wunderschöner Palast aus Glas und geschwungenem Eisen, in dem das ganze Jahr über tropische Temperaturen herrschen. Hier zirpen Grillen, zwitschern Spatzen, und die

Palmen wachsen bis dicht unter die Kuppel. Der ideale Fluchtort für kalte, nasse Tage.
■ College Park, Botanic Ave., www.belfastcity.gov.uk, Palmenhaus April–Sept. tgl. 10–17, Okt.–März tgl. 10–16 Uhr, Gärten bis 21 Uhr, Eintritt frei

6 Ulster Museum

| Museum |

Wissenschaft, die Geschichte Irlands, ägyptische Mumien, alte Meister und moderne Kunst. Highlight ist der Schatz des Schiffes Girona, das zur Spanischen Armada gehörte und 1588 in der Nähe des Giant's Causeway im Sturm an Felsen leckschlug und sank.
■ Botanic Gardens, Tel. 028/90 44 00 00, www.nmni.com/um, Di–So 10–17 Uhr, Eintritt frei

7 Peace Line und International Wall Murals

| Denkmal |

24 *Die Viertel des ehemaligen Nordirlandkonflikts*

Der Nordirlandkonflikt ist beendet, aber die Mauern zwischen dem von Katholiken bewohnten Viertel um die Falls Road und dem protestantisch geprägten Shankill sind noch da. Die Wohnviertel wurden 1969 durch die 3,5 km lange Peace Line, eine Mauer aus 8 m hohen Wellblechzäunen, voneinander abgegrenzt. Am Sinn Féin Centre in der Falls Road zeigt ein Wandgemälde den zur Legende gewordenen IRA-Kämpfer Bobby Sands, der 1981 an den Folgen eines Hungerstreiks starb. In der Divis Street befinden sich die International Wall Murals, Mauern, auf welche die Nordiren in faszinierenden Bildern ihre Sicht der Dinge gemalt haben, darunter ein Abbild von Picassos »Guernica«.

Restaurants

€€ | **The Causerie** In dem legendären Europa Hotel, das während des Nordirlandkonflikts Ziel von über 30 Bombenanschlägen war. Auch vegetarische und vegane Gerichte. ■ Hotel Europa, Great Victoria St., Tel. 028/90 27 10 66, www.hastingshotels.com/europa-belfast, tgl. 12.30–22.30 Uhr, Plan S. 168 a3

Einkaufen

St. George's Market Einen authentischen Blick ins Belfaster Leben bietet der St. George's Market, wo in der 1896 eröffneten Markthalle über 150 Händler an ihren Ständen von Lebensmitteln (darunter jede Menge irische Leckereien) über Kleidung, Kunsthandwerk bis hin zu Antiquitäten alles anbieten. Sonntags spielen Live-Bands. Der Markt erhielt 2014 die Auszeichnung »The UK's Best Large Indoor Market«. ■ 2-20 East Bridge St., Fr 6–15, Sa 9–15, So 10–16 Uhr, Plan S. 168 c3

Kneipen, Bars und Clubs

Crowne Liquor Saloon Eines der Wahrzeichen Belfasts und der älteste und am prächtigsten dekorierte Pub der gesamten Stadt. ■ 46 Great Victoria St., Tel. 028/90 24 31 87, tgl. ab 11.30, So ab 12.30 Uhr, Plan S. 168 b3

25 **Kelly's Cellar** In der 1720 eröffneten Kneipe traf sich ab 1791 die revolutionäre Society of United Irishmen und plante den Aufstand gegen die Engländer. Uriger Pub, Spezialität: Irish Stew. Irische Live-Musik (Seisúns) gibt es Di, Do und Fr ab 20.30, Sa ab 16.30 Uhr. ■ 30-32 Bank St., Tel. 028/90 24 60 58, www.kellyscellars.com, Mo–Sa 11.30–1, So 13–24 Uhr, Plan S. 168 b2

Übernachten

Wie in den anderen größeren Städten Irland, sind auch in Belfast und Derry Hotelzimmer im Zentrum nicht besonders günstig. Eine empfehlenswerte Alternative stellen die zahlreichen B&Bs dar, dort kommt man mit Einheimischen in Kontakt und lernt Land und Leute besser kennen. In manchen Häusern fühlt man sich nach einem Tag fast schon als Familienmitglied. Aber auch Unterkünfte in wunderschönen alten Herrenhäusern auf dem Land kosten kein Vermögen. Eine Übersicht über B&Bs und Guesthouses erhält man bei www.bedandbreakfasts.co.uk, über Herrenhäuser und historische Hotels bei www.historic-uk.com.

Derry (Londonderry) 162

€ | **Abbey B&B** Geräumige und schön eingerichtete Zimmer bei herzlichen Gastgebern im ersten B&B der Bogside. Zu dem B&B gehört ein reich bebilderter Tea Room. ■ 4 Abbey St., Tel. 028/71 27 90 00, www.abbeyaccommodation.com

€€ | **Bishop's Gate Hotel** Hübsches Boutique-Hotel im Zentrum mit Restaurant, sehr herzliche Atmoshäre. ■ 24 Bishop St., Tel. 028/71 14 03 00, www.bishopsgatehotelderry.com

Giant's Causeway 164

€ | **Valley View Country House B&B** Relativ neues 4-Sterne-B&B, wunderschön eingerichtete geräumige Zimmer im Laura-Ashley-Stil, familiäre, freundliche Atmosphäre. Zum Frühstück gibt es selbst gebackenes Brot, hausgemachte Marmelade, Pfannkuchen und Scones. Tipp: Das B&B bietet bei Online-Buchung für drei Übernachtungen einen Preisnachlass an, zudem günstige Wochentarife. ■ 6a Ballyclogh Rd., Bushmills, Tel. 028/20 74 16 08, www.valleyviewbushmillsaccommodation.com

€€ | **Causeway Hotel** Das 1836 erbaute Hotel liegt nur 5 Gehminuten vom Giant's Causeway Visitor Centre entfernt. Stilvoll eingerichtete Zimmer, hauseigenes Restaurant. ■ 40 Causeway Rd., Bushmills, Tel. 028/20 73 12 10, www.thecausewayhotel.com

Antrim Coast Road 165

€ | **Ballintoy House** Günstiges B&B mit reichhaltigem Frühstück. ■ 9 Main St., Ballintoy, Tel. 028/20 76 23 17, www.ballintoyhousebandb.co.uk

Belfast 166

€ | **Malone Lodge** Charmantes Hotel außerhalb des Stadtzentrums, sehr schön eingerichtete, geräumige Zimmer. Hoteleigenes Restaurant, Afternoon Tea, Tipp: »Dinner, B&B-Paket«. ■ 60 Eglantine Ave., Tel. 028/90 38 80 00, www.malonelodgehotelbelfast.com

€€ | **Clayton Hotel** Zentral gelegenes, modernes Hotel mit Fitnesscenter und Pool. Geräumige Zimmer, großes Frühstücksbuffet, nettes Personal. Discount bei Online-Direktbuchungen. ■ 22-26 Ormeau Ave., Tel. 028/90 32 85 11, www.claytonhotelbelfast.com

ADAC *Service Irland*

Beim **ADAC Infoservice**, in den **ADAC Geschäftsstellen** sowie auf dem **Internetportal des ADAC** (adac.de) erhalten Sie Informationen zu den Dienstleistungen des Automobilclubs und zu Ihrem Reiseziel. Als **ADAC Mitglied** können Sie zudem das kostenlose **ADAC TourSet® Irland** mit vielenReiseinfos und Karten anfordern oder die **TourSet App** auf dem **Smartphone** oder **Tablet-PC** installieren (adac.de/toursetapp).
Rufen Sie bei Notfällen und Pannen den **ADAC Notruf** bzw. den **ADAC Auslandsnotruf** an. Unser Team steht Ihnen rund um die Uhr zur Verfügung.

ADAC Infoservice

Tel. 0800/510 11 12
Infos zu allen ADAC Leistungen
(Mo–Sa 8–20 Uhr, gebührenfrei)

ADAC Notruf Deutschland

Tel. 0 180/222 22 22
(24 Std., ca. 6 ct/Anruf, max. 42 ct/Min. aus deutschem Mobilfunknetz)

ADAC Notruf Mobil-Kurzwahl

Tel. 22 22 22
(Gebühren variieren je nach Netzbetreiber)

ADAC Auslandsnotruf

Tel. +49/89/22 22 22
(Gebühren variieren je nach Netzbetreiber und Land)

Internet-Serviceangebote des ADAC für Ihre Reiseplanung

Service	**Webadresse**
Aktuelle Verkehrslage	adac.de/verkehr
ADAC Routenplaner	adac.de/maps
Infos zu Tankstellen und Spritpreisen	adac.de/tanken
Infos zu mautpflichtigen Strecken	adac.de/maut
Infos zu Fährverbindungen	adac.de/faehren
ADAC TourMail (Aktuelle Infos vor Anreise)	adac.de/tourmail
Informationen für Camper	adac.de/camping
Informationen für Motorradfahrer	adac.de/motorrad
Informationen für Segler und Skipper	adac.de/sportschifffahrt
ADAC Reiseangebote	adacreisen.de
ADAC Autovermietung	adac.de/autovermietung
ADAC Versicherungen für den Urlaub	adac.de/versicherungen
Weltweite Preisvorteile für ADAC Mitglieder	adac.de/vorteile-international

Diese **Produkte des ADAC** könnten Sie interessieren: **ADAC Reiseführer Schottland, ADAC Reiseführer Südengland** und **ADAC Reiseführer London** – erhältlich im Buchhandel, bei den ADAC Geschäftsstellen und in unserem ADAC Online-Shop (adac.de/shop).

Anreise und Einreise

Auto und Autofähre

Die etwas umständliche Anreise mit der Fähre lohnt nur, wenn man mit dem Wohnmobil unterwegs ist oder sich im eigenen Auto fortbewegen möchte. In Irland gibt es fünf große **Fährhäfen:** Belfast, Cork, Dublin, Larne und Rosslare.

Direktfähren vom Kontinent (Frankreich) nach Irland

Irish Ferries und **Stena Line** (Cherbourg–Rosslare), nach Dublin nur Irish Ferries. Roscoff–Cork mit **Brittany Ferries,** Rosslare mit Irish Ferries. **Online-Buchungen** auf www.irishferries.com, www.stenaline.co.uk. Die Preise liegen je nach Fährgesellschaft, Saison und Autogröße für Hin- und Rückfahrt zwischen 280 und 900 €. Auf den o.g. Webseiten lässt sich der exakte Preis in wenigen Sekunden ermitteln.

Fähren von Großbritannien nach Irland

Cairnryan–Belfast mit **Stena Line**, Larne mit **P&O Ferries**. Fishguard–Rosslare mit Stena Line. Holyhead–Dublin mit **Irish Ferries** und **Stena Line**. Isle of Man–Belfast und Dublin mit **Steam Packet Company**, Liverpool–Dublin mit **P&O Ferries**, Liverpool (Birkenhead)–Belfast mit Stena Line, Pembroke–Rosslare mit Irish Ferries. **Online-Buchungen** auf www.poferries.com, www.stenaline.co.uk, www.irishferries.com und www.steam-packet.com.

Die **Preise** für eine einfache Fahrt mit Irish Ferries von Holyhead (GB) nach Dublin liegen z.B. im Juli für einen Pkw mit zwei Personen bei 159–190 £, mit Wohnmobil um die 220 £. Im September sind die Preise etwas günstiger.

Bahn und Bus

Es gibt täglich **Bahnverbindungen** ab **Frankfurt/M.** über Brüssel und Paris nach **London** (Victoria Station oder St. Pancras) und von London (Euston Station) weiter nach **Holyhead,** wo die Fähre nach **Dublin** ablegt.

Im **Eurotunnel** (Tel. 0180/5000248, Mo–Fr 9.30–18 Uhr, gebührenpflichtig, www.eurotunnel.com) befördert die Bahn Le Shuttle Autos und Passagiere zwischen Calais und Folkstone alle 30 Minuten (Fahrzeit 35 Min.).

Busse fahren mehrmals täglich von verschiedenen deutschen Städten über London nach Irland (Reisezeit mehr als 20 Std.). Informationen und Online-Buchung: **Deutsche Touring GmbH,** Eurolines Germany, Frankfurter Str. 10-14, 65760 Eschborn, Tel. 061 96/2078501, www.eurolines.de.

Flugzeug

Von vielen deutschen, österreichischen und schweizerischen Flughäfen bestehen direkte Flugverbindungen nach Dublin (DUB), die von **Lufthansa, Aer Lingus, Ryanair, Eurowings** und **SWISS** durchgeführt werden. Je nach Abflughafen gibt es auch Direktverbindungen nach Belfast (BFS), Cork (ORK), Shannon (SNN) und Kerry (KIR). Die Flugzeit von Deutschland nach Irland beträgt etwa zwei Stunden.

Flüge ab Deutschland

Berlin–Belfast (Ryanair),
Berlin–Dublin (Aer Lingus, Ryanair),
Berlin–Shannon (Ryanair).
Bremen–Dublin (Ryanair).
Düsseldorf–Cork (Aer Lingus),
Düsseldorf–Dublin (Aer Lingus, Eurowings).
Frankfurt/Hahn–Dublin und Kerry (Ryanair).

Frankfurt/Main–Dublin (Aer Lingus, Lufthansa).
Hamburg–Dublin (Aer Lingus, Ryanair).
Köln/Bonn–Dublin (Eurowings, Ryanair).
München–Cork (Aer Lingus), München–Dublin (Aer Lingus, Lufthansa, Transavia).
München/Stemmingen–Dublin (Ryanair).
Stuttgart–Dublin (Aer Lingus).

Mit **British Airways** (www.britishairways.com) geht es ab Frankfurt/M. via London nach Belfast, mit **KLM** (www.klm.com) via Amsterdam.

Flüge ab Österreich
Salzburg–Dublin (Ryanair).
Wien–Dublin (Aer Lingus).

Flüge ab der Schweiz
Basel–Dublin (Ryanair).
Genf–Belfast (easyJet), Genf–Dublin (Aer Lingus, SWISS).
Zürich–Dublin (Aer Lingus, SWISS).

Flughafen Dublin Airport, rund 10 km nördlich der Stadt ■ Tel. 01/814 11 11, www.dublinairport.com

Airline-Kontaktdaten
- Aer Lingus: www.aerlingus.com
- easyJet: www.easyjet.com
- Eurowings: www.eurowings.com
- Lufthansa: www.lufthansa.com
- Ryanair: www.ryanair.com
- SWISS: www.swiss.com
- Transavia: www.transavia.com

Einreise und Dokumente
Reisende aus Deutschland und Österreich benötigen einen Reisepass oder Personalausweis, der für die Republik Irland bis zur Einreise und für Nordirland bis zur Ausreise gültig sein sollte. National gültige Ausweispapiere werden zur Einreise in die Republik Irland und nach Nordirland akzeptiert. Das betrifft auch vorläufige Ausweise.
Schweizer benötigen für die Einreise nach Irland einen gültigen Reisepass oder eine gültige Identitätskarte, die bei Einreise noch mindestens sechs Monate gültig ist. Auskünfte über Einreisebestimmungen und Visa erteilen die jeweiligen Botschaften.

Auto und Straßenverkehr

Führerschein und Papiere
Autofahrer benötigen einen nationalen **Führerschein,** den **Kfz-Schein** sowie ein **Nationalitätskennzeichen,** sofern das Auto kein Euro-Nummernschild hat. Die Mitnahme der **Internationalen Grünen Versicherungskarte** wird empfohlen, da sie als Versicherungsnachweis dient und bei einem Unfall die Abwicklung erleichtert.

Tempolimits in Irland

Straße	Tempolimit
Autobahn (blau beschildert)	max. 120 km/h
Schnellstraße (grün beschildert)	max. 100 km/h
Landstraße	max. 80 km/h
Ortschaft	max. 50 km/h

In **Nordirland** sind die Höchstgeschwindigkeiten in **Meilen** angegeben (mph, 1 Meile = 1,6 km). Hier gelten folgende Tempolimits: Autobahn maximal 70 mph (112 km/h), Landstraßen 60 mph (96 km/h), Ortschaften 30 mph (48 km/h).

Straßennetz und Sicherheit

In Irland herrscht **Linksverkehr.** Dennoch gilt »Rechts vor Links«, sofern nicht anders beschildert.

Das **Autobahn-** und **Schnellstraßennetz** ist gut ausgebaut und in sehr gutem Zustand. Auch kleinere Landstraßen sind problemlos befahrbar. Eine Ausnahme stellen die Straßen und Serpentinen in ländlichen Gegenden dar. Die Straßen sind sehr eng und oft sind **Schafe** auf ihnen unterwegs. Um eine Vollbremsung oder einen Zusammenprall mit dem Tier zu vermeiden, rechnen Sie bitte nach jeder Kurve mit einem oder mehreren Schafen auf der Fahrbahn und fahren Sie entsprechend langsam.

Verkehrsvorschriften

Höchstgeschwindigkeiten (in km/h): Pkw auf Autobahnen 120, auf Schnellstraßen 100, Landstraßen 80, in Ortschaften 50. Pkw mit Anhänger sowie Wohnmobile auf Autobahnen, Landstraßen und auf Schnellstraßen 80, in Ortschaften 50. Die **Promillegrenze** liegt bei 0,5. Es ist verboten, während der Fahrt ohne **Freisprechanlage** zu telefonieren. Um im Linksverkehr entgegenkommende Fahrzeuge nicht zu blenden, müssen **Scheinwerfer** mit asymmetrischem Licht abgeklebt oder umgestellt werden. Die Betriebsanleitung des Pkw oder der Vertragshändler helfen weiter.

Verkehrsschilder

Ortsnamen erscheinen auf Verkehrszeichen doppelt: in Englisch und in Irisch. In den **Gaeltacht-Regionen** sind Straßenschilder ausschließlich in irischer Sprache beschriftet. Erkundigen Sie sich vorab, wie die Ortschaften in Ihrem Reiseziel auf Irisch heißen.

Parken

Ein **Parkplatz** findet sich in ländlichen Gegenden problemlos, in den Städten ist es sinnvoll, auf Parkhäuser oder gebührenpflichtige Parkplätze auszuweichen. Infos zu Parkplätzen vor Ort werden jeweils unter der Rubrik »Parken« gegeben. Rot-schwarze Schilder weisen auf eine **»Control Zone«** hin, d.h., das unbeaufsichtigte Abstellen eines Fahrzeugs ist verboten. Zwei durchgehende gelbe Linien am Fahrbahnrand bedeuten striktes **Halteverbot**, eine durchgehende gelbe Linie signalisiert Parkverbot an Werktagen. Eine unterbrochene gelbe Linie ist ein Hinweis auf Parkverbot zu bestimmten Zeiten.

Maut

In der Republik Irland sind bestimmte Autobahnstrecken und Schnellstraßen im Umkreis der größeren Städte gebührenpflichtig. Die Maut wird grundsätzlich an den **Mautstationen** bezahlt (meist 1–3 €). Eine Ausnahme ist das **M50 eFlow Barrier System**. An der elektronischen Zahlstelle der M50 um Dublin ist die Bezahlung erst nach der Durchfahrt möglich. Diese erfolgt online (www.eflow.ie) mit Visa oder MasterCard. Bei der Durchfahrt unter den Kameras wird das Nummernschild fotografiert. Die Gebühr muss bis 20 Uhr am nächsten Abend bezahlt werden, sonst wird ein Strafgeld fällig.

Panne und Unfall

Bei einer Panne kontaktieren Sie die **Automobile Association (AA),** Partnerclub des ADAC, der für Mitglieder gratis Pannenhilfe leistet. Tel. 1800/66 77 88 (Republik Irland), Tel. 0800/88 77 66 (Nordirland). Bei einem Verkehrsunfall verständigen Sie **Polizei** und **Ambulanz** unter dem Notruf 112 und 999.

Barrierefreies Reisen

Menschen im Rollstuhl oder mit eingeschränkter Mobilität finden in Irland neben einer großen Hilfsbereitschaft zahlreiche Angebote und behindertengerechte Ausstattungen in vielen Restaurants, Hotels und B&Bs. Doch längst nicht alle Sehenswürdigkeiten und Museen sind für Rollstuhlfahrer zugänglich. In Dublin verkehren Niederflurbusse, die einen Platz für Rollstühle haben, ebenso die Straßenbahnlinien LUAS. Auch die DART-Züge bieten Platz für Rollstühle, dennoch ist längst nicht jeder Bahnhof rollstuhlgerecht ausgestattet.

Republik Irland

Informationen gibt es beim nationalen Behindertenverband »The National Disability Authority« (www.nda.ie).

Nordirland

Informationen und Broschüren zum Download unter: www.nidirect.gov.uk sowie www.adaptni.org (hier Stichwort »Access 400«).

Diplomatische Vertretungen

Die Auslandsvertretungen Ihres Heimatlandes sind behilflich beim Verlust von Reisedokumenten oder bei Problemen mit irischen Behörden.

Republik Irland

Deutsche Botschaft

■ 31 Trimleston Ave., Merrion, Booterstown, Dublin, Tel. 01/269 30 11, www.dublin.diplo.de

Österreichische Botschaft

■ 93 Ailesbury Rd., Dublin 4, Tel. 01/269 45 77, www.aussenministerium.at/dublin

Schweizer Botschaft

■ 6 Ailesbury Rd., Ballsbridge, Dublin 4, Tel. 01/218 63 82, www.eda.admin.ch/dublin

Nordirland

Deutsches Honorarkonsulat

■ 32 Agherton Drive, Portstewart, Co. Londonderry, Tel. 079/06 67 21 75, belfast@hk-diplo.de

Schweizerisches Konsulat

■ 54 Priory Park, Belfast, Tel. 077/33 59 55 95, belfast@honrep.ch

Feiertage in Irland

Ganz Irland	Republik Irland	Nordirland
1. Jan.: Neujahr		
17. März: St. Patrick's Day		
Ostermontag	Karfreitag	
1. Mai: Tag der Arbeit	Letzter Montag im Mai: Bank Holiday	
	1. Montag im Juni: Bank Holiday	
		12. Juli: Union Day
	1. Montag im Aug.: Bank Holiday	Letzter Montag im Aug.: Bank Holiday
	Letzter Montag im Okt.: Bank Holiday	
Weihnachten: 25./26. Dez.		

Einkaufen und Souvenirs

Klassische **Souvenirs** aus Irland sind Pullover aus Schafswolle (Aran Sweaters), Tweed-Jacken, Töpferwaren, Irish Breakfast Tea und Irish Whiskey.
Geschäfte sind Mo–Sa 9–18 (in Dublin bis 19/20), Do bis 20 oder 21, So 12–17 Uhr geöffnet, Shoppingcenter oft länger

Feiertage

Fällt in Irland ein Feiertag auf ein Wochenende, ist der darauffolgende Montag frei. Die Feiertage sind nicht in ganz Irland gleich. Schulsommerferien: Mitte Juni (Nordirland Anfang Juli) bis Anfang September.

Geld und Währung

Der **Euro** ist die nationale Währung der Republik Irland. In Nordirland ist das **Pfund Sterling** (£) die Landeswährung (Kurs: 1 € = 0,88115 £). Große Geschäfte in Nordirland akzeptieren aber auch den Euro, das Wechselgeld erhalten Sie jedoch in Pfund Sterling zurück. Einfacher ist es deshalb oft, mit der **EC-Karte** zu zahlen.
Kreditkarten, vor allem VISA und Mastercard, werden fast überall akzeptiert.

Bank

Öffnungszeiten: Mo–Fr 9.30/10–16, Do bis 17 Uhr, manche Banken in Nordirland auch an Samstagen. **Bankautomaten** (engl. ATM) in der Regel für EC-, Master- und Visa-Karten.

Preise und Kosten

Irland zählt mittlerweile zu den teuersten Ländern in Europa (Mehrwertsteuersatz 23 %), und Preise für Lebensmittel und Restaurantbesuche sind dementsprechend höher als in Deutschland. Abhängig von der Menüauswahl kostet ein **Hauptgericht** zu Mittag in einem Restaurant der mittleren Preisklasse zwischen 14 und 20 €, **Abendessen** zwischen 20 und 30 €. In **Pubs** und in ländlichen Gegenden ist das Essen oft etwas preiswerter. Viele Restaurants in Dublin und anderen Städten bieten unter der Woche zwischen 18 und 19 Uhr ein **Early Bird Menu** an, das günstiger ist als der Kartenpreis.

Kosten im Urlaub
(durchschnittliches Preisniveau)

Tasse Tee	3 €
Cappuccino	3 €
Irisches Frühstück	7 €
Imbiss (Fish & Chips)	7,50 €
Pint Bier	5,50 €
Softdrink	2,50 €
Taxifahrt (im Zentrum)	10–12 €

In der **Hauptreisezeit** im Juli und August sind die Preise für Unterkünfte erwartungsgemäß am höchsten – da macht es keinen Unterschied, ob es sich um ein 2- oder 5-Sterne-Haus handelt. Wer sich etwas ganz Besonderes leisten will: Viele Schlösser und Herrenhäuser, die zu Hotels und B&Bs umgebaut wurden, bieten in der Vor- und Nachsaison **Zimmer zum halben Preis** an.

Gesundheit

Krankenversicherung

Für die gesamte Insel ist die **Europäische Krankenversicherungskarte** gültig. Empfohlen wird zusätzlich eine private **Auslandsreise-Krankenversicherung**, die im Notfall alle Leistungen

Festivals und Events

März

St. Patrick's Day (17. Juni, www.stpatricksday.ie) – Die ganze Insel feiert ihren Nationalheiligen mit bunten Paraden.

Limerick International Band Championship (www.limerick.ie) – Internationale Bands und Dudelsackmusiker marschieren durch die O'Connell Street in Limerick.

Mai

Kilkenny Roots Festival (www.kilkennyroots.com) – Irish Folk und internationale Country Music.

Early Music Festival (Galway, www.galwayearlymusic.com) – Musik, Tanz und Kostüme des 12.–17. Jh.

Juni

Bloomsday (16. Juni, Dublin, www.jamesjoyce.ie) – Der Festtag für Joyceaner (s. S. 92).

Juli

Galway International Arts Festival (www.giaf.ie) – Zweiwöchiges Festival mit Theater, Musik, bildenden Künsten, Oper, Tanz, Literatur, Straßenkunst und Comedy.

Galway Races (am letzten Montag im Juli, www.galwayraces.com) – Traditionelles Pferderennen.

Ballina Salmon Festival und **Ballina Street & Arts Festival** (www.ballinasalmonfestival.ie) – Hier dreht sich alles um Lachs, traditionelle Kostüme und Musik.

August

Rose of Trallee International Festival (Trallee, www.roseoftrallee.ie) – Schönheitswettbewerb, teilnehmen dürfen Frauen aus aller Welt, sofern sie irische Vorfahren haben.

Kilkenny Arts Festival (10 Tage, www.kilkennyarts.ie) – Kunst-, Musik-, Theater- und Literaturfestival.

Spraoi Festival (Waterford, 3 Tage, www.spraoi.com) – Live-Musik und Straßenkünstler sorgen für kunterbunte Karnevalsatmosphäre.

Birr Vintage Week & Arts Festival (Birr, www.birrvintageweek.com) – Stadtfest mit Antiquitätenmesse. Dazu gibt es Live-Musik, Sport- und Literaturveranstaltungen, Paraden in historischen Kostümen, Airshows und einen Straßenmusikantenwettbewerb.

September

Galway International Oyster Festival (letztes Septemberwochenende, www.galwayoysterfest.com) – Live-Musik, Austernöffner aus aller Welt, die hier zu einem Wettbewerb antreten.

Oktober

Guinness Cork Jazz Festival (Ende Okt., www.guinnessjazzfestival.com) – Das größte Jazz-Event Irlands, mit rund 1000 Musikern aus 20 Ländern.

Wexford Opera Festival (www.wexfordopera.com). Eines der führenden Opernfestivals der Welt.

Kinsale Gourmet Festival (www.kinsalerestaurants.com) – Elf Restaurants servieren während des zweitägigen Events das Beste, das Irlands Küche und der Atlantik zu bieten haben.

abdeckt, die nicht von den gesetzlichen Krankenkassen übernommen werden, oder solche medizinischen Leistungen, die über dem deutschen ärztlichen Gebührensatz liegen.

Apotheken

Eine Liste der landesweiten Apotheken (»pharmacy« bzw. »chemist«) findet man unter: https://data.gov.ie/dataset/list-of-pharmacies-in-ireland.

Krankenhäuser

Eine Übersicht über die Krankenhäuser in Irland bietet die Webseite: www.hse.ie/eng/services/list (unter dem Stichwort »acute hospitals«).

Haustiere

Hunde und Katzen dürfen nur mit einem **»EU-Reisepass für Haustiere«** (EU Pet Passport) in die Republik Irland und nach Nordirland einreisen. Diesen Heimtierausweis erhalten Sie bei Ihrem Tierarzt, der darin alle Behandlungen und Impfungen dokumentiert. Hund oder Katze müssen zudem über einen **Mikrochip** identifizierbar und die Kennzeichnungsnummer im Ausweis eingetragen sein. Das Tier muss über drei Monate alt und gegen **Tollwut** geimpft sein. Die Erstimpfung sollte mindestens 21 Tage vor der Einreise erfolgen. Hunde müssen kurz vor der Einreise (höchstens 120, mindestens 24 Stunden davor) gegen **Bandwürmer** behandelt werden. Die Mitnahme von Haustieren muss vor Reiseantritt bei der jeweiligen Flug- oder Fährgesellschaft angemeldet werden. **Informationen** für Republik Irland: www.agriculture.gov.ie/detailedrulesforeupettravel, für Nordirland: www.gov.uk/take-pet-abroad.

Information

Republik Irland

Bord Fáilte Irland – Irish Tourist Board
■ 88-95 Amiens St., Dublin 1
Tel. 1800 24 24 73 (im Land)
Tel. +353/1 884 71 01 (vom Ausland)
www.failteireland.ie
Offizielle deutsche Seite von Tourism Ireland: www.ireland.com/de-de

Nordirland

Northern Ireland Tourist Board
■ Bedford Sq., Belfast, BT2 7ES
Tel. 028/90 23 12 21
www.discovernorthernireland.com

Klimatabelle Dublin

Monat	Luft (°C) (min./max.)	Sonne h/Tag	Regentage
Jan.	2/8	2	12
Feb.	2/8	3	10
März	3/11	4	10
April	4/13	5	10
Mai	6/16	7	11
Juni	9/18	6	10
Juli	11/19	5	10
Aug.	12/19	5	11
Sep.	9/17	4	11
Okt.	7/14	3	11
Nov.	4/10	3	11
Dez.	3/8	2	13

Klima und beste Reisezeit

In Irland wird es nie sommerlich heiß, aber auch nie richtig kalt, denn der Golfstrom prägt das Klima. Im Sommer liegen die Temperaturen zwischen 15 und 25 °C, im Frühjahr und

Herbst bei durchschnittlich 10 °C, und im Winter sinken sie auf 5 °C bis 10 °C ab. Schnee und Frost sind seltene Besucher auf der Insel. **Regenschauer** treten das ganze Jahr über auf, aber sie sind eher kurz und halten nicht über Tage hinweg an. Die dauernd wechselnden Hoch- und Tiefdruckgebiete über dem Atlantik sorgen für häufigen **Wetterumschwung** – so kann es morgens regnen und am Mittag wieder die Sonne am strahlend blauen Himmel scheinen. Oder umgekehrt. Auch im Sommer gehören ein dicker Pulli und ein leichter Regenmantel ins Handgepäck. Ein Schirm kann getrost zu Hause bleiben, denn oft ist er dem irischen Wind nicht gewachsen. Zu den **besten Reisemonaten** zählen April bis Mitte Juni sowie September und Oktober.

Notfall

Polizei, Feuerwehr, Ambulanz:
Tel. 122 oder 999 (Republik Irland),
Tel. 999 (Nordirland).
ADAC Pannenhilfe: Tel. +49 89/222222.

Öffnungszeiten

Die meisten **Museen** und **Sehenswürdigkeiten** haben von 10–18 Uhr geöffnet, Ruhetage werden im Buch unter den jeweiligen Sehenswürdigkeiten genannt.

Post

Das **Porto** für Postkarte und Brief beträgt 1,50 €.
Öffnungszeiten: Mo–Fr 9–17.30, Sa 9–13 Uhr, Hauptpost (GPO), Dublin Mo–Sa 8.30–18 Uhr.

Rauchen und Alkohol

In Irland und Nordirland herrscht **Rauchverbot** in öffentlichen Gebäuden, Ämtern, Banken, Geschäften, öffentlichen Verkehrsmitteln, Pubs, Restaurants und Hotels. **Alkohol** wird an Personen ab 18 Jahren ausgeschenkt, in manchen Pubs erst ab 21.

Sicherheit

Generell gilt Irland als ein sehr sicheres Reiseland. Das Risiko, beraubt zu werden, ist gering, trotzdem sind auch in Dublin **Taschendiebe** unterwegs. Dagegen helfen ein **Brustbeutel** oder **Geldgürtel.** Die Gefahr eines **Autoeinbruchs** ist da schon größer, v.a. in Dublin. Deshalb sollten Sie das Auto keinesfalls mit **Gepäck** und **Wertsachen** im Stadtzentrum parken. Leeren Sie das **Handschuhfach** und lassen es offen. Am besten auch die **Kofferraumabdeckung** aufklappen, denn so sieht ein potenzieller Dieb, dass es nichts zu stehlen gibt.

Sport

Angeln

Mit 14 000 km Flüssen und Bächen sowie große Seen im Landesinneren ist Irland ein Paradies für Angler. Allgemeine Informationen für Angler (inkl. Liste der Ausgabestellen für Lizenzen) erteilt in der Republik Irland der **Central Fisheries Board** (www.fishinginireland.info) und in Nordirland das **Department of Culture Arts and Leisure** (www.nidirect.gov.uk/angling).

Golf

In Irland ist der Golfsport eine ganz alltägliche Freizeitbeschäftigung. Es gibt im ganzen Land **über 450 Golfplätze,** darunter zahlreiche öffentliche, auf denen man auch ohne Club-Mitgliedschaft spielen darf. Informationen für die gesamte Insel: www.openfairways.com, Republik Irland: www.golf.discoverireland.ie und Nordirland: www.discovernorthern ireland.com/golfing.

Reiten

Auf ca. 50 anerkannten **Reiterhöfen** bieten sich für Reiter, auch für Anfänger und diejenigen, die das Reiten erst lernen möchten, zahlreiche Möglichkeiten. Informationen unter: **Association of Irish Riding Establishments** (AIRE): www.aire.ie.

Wandern

Das **Netz der Wanderwege** in Irland ist über **1800 km** lang, darunter sind Halbtagesrundtouren (Looped Walks) über einfaches Terrain, anspruchsvolle Ganztagstouren sowie Langstreckenwanderungen. **Routenbeschreibungen** finden sich auf der Website www.irishtrails.ie, für Nordirland auf www.walkni.com, sowie weitere Infos auf www.mountaineering.ie.

Wassersport

Ob **Surfen, Windsurfen, Tauchen, Wasserski, Kanu/Kajak fahren, Rudern** oder **Segeln:** Das gemäßigte Klima macht Irland zu einem der besten Wassersportgebiete der Welt. Informationen Republik Irland: www.discover ireland.ie, Nordirland: www.outdoorni.com, Segeln: www.sailing.ie.

Strom und Steckdose

230 Volt. In der Republik Irland und in Nordirland werden dreipolige Stecker benutzt. Dazu ist ein **Adapter Typ G** (auch Commonwealth-Stecker genannt) notwendig.

Telefon und Internet

Telefon

Internationale Vorwahlen

- Republik Irland 00353
- Nordirland 0044
- Deutschland 0049
- Österreich 0043
- Schweiz 0041

Es folgt die Ortsvorwahl ohne die Null.

Seit 15. Juni 2017 müssen bei Reisen in EU-Länder keine **Roaming-Gebühren** mehr für Handytelefonate und das Surfen im Internet bezahlt werden.

In jedem Hotel und in den meisten Cafés und Restaurants gibt es **WLAN.**

Trinkgeld

In **Restaurants** wird das Trinkgeld meist mit auf die Rechnung gesetzt (service charge oder service included). Je nach Höhe der Rechnung sind **zwischen 5 und 10 %** üblich. Das Trinkgeld im Pub steht dem Gast frei, da man sich sein Getränk gewöhnlich selbst am Tresen abholt. Bei **Taxifahrten** wird der Betrag zum nächsten Euro- oder Pfundbetrag aufgerundet.

Umgangsformen

An Bushaltestellen und in Läden wartet man geduldig, Gedrängel gibt es nicht. In ländlichen Gegenden grüßt man sich auf der Straße, auch wenn man sich nicht kennt. Wer im Pub auf einen Drink eingeladen wird, sollte sich revanchieren.

Unterkunft und Hotels

Es gibt eine große Palette an Unterkunftsmöglichkeiten: vom B&B bis hin zum Schloss. Empfehlungen werden am Ende jedes Kapitels gegeben.

Bed & Breakfast

Diese privaten Unterkünfte, die vom **Irish Tourist Board** überwacht werden, sind meistens, aber nicht immer, preiswerter als Hotels – es gibt B&Bs in einfachen Häusern, noblen Herrenhäusern und in Schlössern. Da B&Bs nur über wenige Zimmer verfügen, sollte man in der Hauptsaison schon Wochen im Voraus buchen. **Liste mit B&Bs:** www.bandbireland.com und www.ireland-bnb.co.uk (Nordirland).

Camping

In Irland ist wildes Zelten verboten. Eine Beschreibung geprüfter Campingplätze bieten der jährlich erscheinende **ADAC-Campingführer** und der **ADAC-Stellplatzführer** (www.campingfuehrer.adac.de). Die Inhalte gibt es auch als **App** für iPhone, iPad und Android in den Appstores von Apple und Google. Weitere Infos unter: www.camping-ireland.ie.

Farmhäuser

Die Höfe sind überwiegend auf die Unterbringung von **Familien** spezialisiert. Infos unter: Irish Farmhouse Holidays (www.irishfarmholidays.com).

Ferienhäuser und -wohnungen

Irish Cottages werden wochenweise vermietet und bieten, je nach Größe, Platz für vier bis acht Personen.
Info Republik Irland: **Rent an Irish Cottage** (http://.rentacottage.ie).
Info Nordirland: **The National Trust Holiday Cottages** (www.nationaltrustcottages.co.uk).

Hotels und Pensionen

Die Preise rangieren zwischen 55 € pro Person für eine Übernachtung mit Frühstück in einem einfachen Hotel oder einer Pension und 380 € aufwärts in einem 5-Sterne-Haus. **Preisvergleiche** im Internet (z.B. expedia oder booking.com) lohnen sich. Den höchsten Standard bieten **Schlosshotels** und **Herrenhäuser,** die außerhalb der Saison aber gar nicht mal so teuer sind. Infos unter www.irelandhotels.com, www.castlecollection.com und www.manorhousehotels.com.

Jugendherbergen und Hostels

In der Republik Irland gibt es 26, in Nordirland sechs Jugendherbergen. Voraussetzung: der **internationale Jugendherbergsausweis.** Keine Alters-

Im Blickpunkt

Traditionelle irische Küche

Das berühmte Irish Breakfast besteht aus Porridge (Haferbrei), Eiern mit Schweinswürstchen, Schinkenspeck und Toast bzw. braunem irischem Landbrot mit Butter und Orangenmarmelade. Dazu Irish Breakfast Tea, den die Iren gern mit Milch trinken.
Für den kleinen Hunger gibt es in Pubs relativ günstig Salate, Sandwiches und Suppen.
Ansonsten sind neben dem berühmten Irish Stew (Hammelfleischeintopf) Fisch und Seafood typisch, v.a. Lachs, Garnelen, Hummer, Muscheln und Austern.

begrenzung. Buchung im Voraus erforderlich. Info Republik Irland: www.anoige.ie, Nordirland: www.hini.org.uk.

Verkehrsmittel im Land

Bahn

Ab Dublin gibt es zahlreiche Verbindungen in andere größere Städte des Landes. Mit dem **Explorer Travel Ticket** kann man an fünf Tagen innerhalb von zwei Wochen das Land erkunden. Infos und Fahrpläne: www.irishrail.ie, Nordirland: www.translink.co.uk/services/ni-railways.

Bus

Ab der zentralen Busstation in Dublin verkehren Busse in alle größeren Städte Irlands (auch nach Belfast). Infos: www.buseireann.ie. Busse in Nordirland: www.translink.co.uk.

Hausboote

Mit den Flüssen **Shannon** und **Barrow,** dem **Grand Canal** und dem **Shannon-Erne-Waterway** besitzt Irland 750 km touristische Wasserstraßen, die frei von kommerziellem Schiffsverkehr und damit ideal für einen Hausbooturlaub sind. Ein **Bootsführerschein** ist nicht erforderlich, eine entsprechende Einweisung erfolgt vor der Abfahrt. Der Bootsführer muss mindestens 21 Jahre alt sein. **Buchungen** lassen sich über die Website www.boatholidaysireland.com tätigen.

Mietwagen

Zahlreiche nationale und internationale Leihwagenfirmen haben Vertretungen in größeren Städten und auf den internationalen Flughäfen. Eine Online-Buchung im Voraus ist v.a. in der Hochsaison empfehlenswert und spart ansonsten auch Kosten. Grenzüberschreitungen nach Nordirland sind kein Problem.

Leihwagen-Firmen:
Enterprise Rent-A-Car, www.enterprise.com, günstige Mietwagen.
ADAC Autovermietung, adac.de/autovermietung, günstige Konditionen, nur für Mitglieder.
AVIS, www.avis.de.
Sixt rent a car, www.sixt.de.
Europcar, www.europcar.de.
Hertz, www.hertz.de.

Wohnmobile

Wohnmobile für ganz Irland können gemietet werden bei: **Celtic Campervans**, www.celticcampervans.com.

Zeitverschiebung

In Irland gilt die **Greenwich Mean Time** (GMT). Reisende aus Kontinentaleuropa müssen ihre Uhren um eine Stunde zurückstellen.

Zollbestimmungen

Innerhalb der **EU** sind Waren für den persönlichen Bedarf abgabenfrei, als Richtmengen gelten: 800 Zigaretten, 400 Zigarillos, 200 Zigarren, 1 kg Tabak, 10 kg Kaffee, 110 l Bier, 60 l Schaumwein, 20 l Alkoholika bis 22 % Vol. und 10 l über 22 % Vol. Näheres unter www.zoll.de und www.bmf.gv.at/zoll. Bei Einreise in die **Schweiz** sind Waren im Gesamtwert von 300 CHF zollfrei. Dabei gelten folgende Freimengen: 250 Zigaretten oder Zigarren oder 250 g Tabak, 5 l Alkoholika bis 18 % Vol. und 1 l über 22 % Vol. (www.ezv.admin.ch).

Die Geschichte Irlands

Ab 7000 v. Chr. Erste Besiedlung Irlands.

500 v. Chr. Einwanderung der keltischen Gälen.

432 n. Chr. St. Patrick beginnt seine Missionarstätigkeit.

9.–12. Jh. Überfälle der Wikinger.

1169 Anglo-Normannen besetzen den Westen der Insel.

1541 Henry VIII. von England ernennt sich zum König Irlands. Beginn der Unterdrückung der Katholiken.

1607 Der irische Adel verlässt die Insel, die englische Regierung verteilt deren Land an Protestanten.

1649 Oliver Cromwells Truppen verwüsten Irland.

1695 Strafgesetze werden erlassen, mit denen Katholiken ihre Bürgerrechte verlieren.

1782 Irland erhält sein eigenes Parlament, das jedoch nur aus Protestanten besteht.

1791 Gründung der Society of United Irishmen, die zur Schaffung einer irischen Republik aufruft.

1800 Act of Union: Auflösung des irischen Parlaments und Eingliederung Irlands in das Vereinigte Königreich.

1829 Der erste Katholik, Daniel O'Connell, wird ins Unterhaus gewählt.

1845–1852 Große Hungersnot.

1905 Gründung der Partei Sinn Féin.

1916 Dubliner Osteraufstand.

1921 Anglo-irischer Vertrag und Teilung des Landes.

1922–1923 Bürgerkrieg zwischen den Gegnern und den Befürwortern des anglo-irischen Vertrages.

1949 Austritt aus dem Commonwealth, Republik Eire wird ausgerufen.

1968–1972 Demonstrationen der katholischen Bürgerrechtsbewegung in Nordirland gegen Ungerechtigkeiten. Nach dem Bloody Sunday wird die nordirische Selbstverwaltung aufgehoben, der Bürgerkrieg beginnt.

1973 Beitritt Irlands zur EWG.

1994 IRA und protestantische Milizen erklären eine Waffenruhe. Die britischen Truppen verlassen Nordirland.

1998 Friedensabkommen zur Beendigung des Bürgerkriegs.

1999 Nordirland bekommt eine autonome Regionalregierung, Katholiken und Protestanten teilen sich die Macht.

2005 Die IRA erklärt das Ende ihres bewaffneten Kampfes.

2010–2013 Irland nimmt als erstes Euroland Finanzhilfen aus dem Europäischen Rettungsschirm in Anspruch.

2016 100. Jahrestag des Osteraufstands.

2017 Leo Varadkar, erst 38 Jahre alt, indischer Abstammung, wird neuer Premierminister von Irland.

2018 Irland stimmt in einem Referendum für das Recht auf Abtreibung.

Eine der ältesten frühchristlichen Kirchen Irlands: das Ende des 8. Jh. ganz ohne Mörtel erbaute Gallarus Oratory

Englisch für die Reise

Das Wichtigste in Kürze

Ja/Nein	*Yes/No*
Bitte/Danke	*Please/Thank you*
Hallo!/Auf Wiedersehen!	*Hello!/Good bye!*
Guten Tag!	*Good morning!/ Good afternoon!*
Guten Abend!/ Gute Nacht!	*Good evening!/ Good night!*
Mein Name ist …	*My name is …*
Entschuldigung!	*Excuse me!*
Achtung!/Vorsicht!	*Attention!/Caution!*
Ich verstehe Sie nicht.	*I don't understand you.*
Wie viel kostet …?	*How much is …?*
Wo sind die Toiletten?	*Where is the lavatory?*
Damen/Herren	*Ladies/Gentlemen*
geöffnet/geschlossen	*open/closed*
gestern/heute/ morgen	*yesterday/today/ tomorrow*
Wie viel Uhr ist es?	*What time is it?*
Wo ist …?	*Where is …?*
Wie weit ist …?	*How far is …?*
Ist das der Weg nach …?	*Is this the way to … ?*
geradeaus/links/ rechts/zurück	*straight on/left/ right/back*
nah/weit	*near/far*
Nord/Süd/ West/Ost	*north/south/ west/east*
Ich möchte …	*I would like …*
Hotel/Unterkunft	*hotel/accommodation*
Gepäck	*luggage*
Frühstück	*breakfast*
Mittagessen	*lunch*
Abendessen	*dinner*
Die Rechnung, bitte!	*The bill, please!*
Restaurant	*restaurant*
Auto	*car*
Parkplatz	*car park/parking space*
Tankstelle	*petrol station*
Benzin/Super/Diesel/ Autogas (LPG)	*petrol/unleaded/diesel/ liquid petroleum gas*
Panne	*breakdown*
Hilfe!	*Help!*
Fahrrad	*bicycle*
Hauptbahnhof	*main station*
Bushaltestelle	*bus stop*
Flughafen	*airport*
U-Bahn-Station	*subway station*
Zug	*train*
Schiff/Fähre	*ship/ferry*
Pass/Personalausweis	*passport/ID card*
Bank/Geldautomat	*bank/cashpoint (ATM)*
Polizeistation	*police station*
Arzt	*doctor*
Apotheke	*pharmacy*
Lebensmittelgeschäft	*food store*
Tourismusbüro	*tourist office*
Botschaft	*embassy*

Wochentage

Montag/Dienstag	*Monday/Tuesday*
Mittwoch	*Wednesday*
Donnerstag	*Thursday*
Freitag/Samstag	*Friday/Saturday*
Sonntag	*Sunday*

Monate

Januar/Februar	*January/February*
März/April	*March/April*
Mai/Juni	*May/June*
Juli/August	*July/August*
September	*September*
Oktober	*October*
November	*November*
Dezember	*December*

Zahlen

1	*one*	8	*eight*
2	*two*	9	*nine*
3	*three*	10	*ten*
4	*four*	11	*eleven*
5	*five*	12	*twelve*
6	*six*	100	*a (one) hundred*
7	*seven*	1000	*a (one) thousand*

Register

Bildnachweis

Titel: Blick von Valentia Island auf Puffin Island, County Kerry
Foto: **Getty Images** (Chris Hill)

Adobe Stock: Michal 10/11; M.V. Photography 14/15; Petair 19; K. Rütten 62.2; spectrumblue 91 – **Alamy Stock Foto:** I. Dagnall Commercial Collection 44; S. Azenha 82; P. Andersen 99.4; G. McCormack 127; S. Davey Photography 146 – **Bildagentur Huber:** SIME/O. Fantuz 9; M. Rellini 16/17; C. Irek/4Corners 100; SIME/R. Spila 164 – **corbis:** P. Zoeller 142 – **Fotolia:** PHB.cz 8.3; panimo 124/125; J. Toscano 161.3; e. epoudry 163 – **Getty Images:** Design Pics/G. McCormack 6/7; P. Unger 7.1 – **glowIMAGE:** ImageBROKER 85 – **laif:** GERAULT Gregory/Hemis 50; D. Denger 83; robertharding/Tim Graham 192 – **Lookphotos:** I. Pompe 8.2; SagaPhoto 65.1; age fotostock 94, 115 – **mauritius images:** Steppenwolf/Alamy 18; N. McDiarmid/Alamy 21; imageBROKER/C. Handl 22; R. Wayman 23; A. v. Einsiedelei/Alamy 24; P. Felix Photography/Alamy 25; S. Vidler/Super Stock 26; P. Titmuss/Alamy 27; image BROKER/S. Kuttig 28; Zoonar GmbH/Alamy 29; Sunshine/Alamy 30; Loop Images/R. Drinkwater 34; J. Baran/Alamy 35; M. Holtz/Photo 12/Alamy 36; Hi-Story/Alamy 37; age fotostock/Classic Vision 40; M. Mayol/age fotostock 45; G. Munday/age fotostock 48; J. Ellis/Alamy 55; imageBROKER/M. Rasmus 60.1; B. Harrington III/Alamy 60.2; S. Power/Alamy 62.1; travelib/Alamy 63.1; J. Baran/Alamy 73; j. ellis/Alamy 74; K. George 80; G. Munday/Alamy 93, 99.1; D. O'Shea/Alamy 99.3; G. Munday/age fotostock 103; T. Ebelt 107, 117; I. Dagnall/Alamy 110/111, 151.3; E. Ubiquitous/Alamy 143; AA World Travel Library/Alamy 151.4; RM Floral/Alamy 156; A. Michael/Alamy 161.1; d. soulsby/Alamy 161.2; Hemis.fr/B. RIEGER 161.4 – **picture-alliance:** akg-images 41; dpa 42 – **Seasons Agency:** Jalag/K. Bossemeyer 58/59, 149; Jalag/P. Koschel 11, 61.3, 63.3, 120 – **Shutterstock.com:** D. McBrierty 4.1; A. Bogack 7.2, 86; O. Bence 8.1; Lautz 12/13; The Escape of Malee 20; The Old Major 31; J. Stria 32; Kelleher Photography 33; P. Kosmider 38, 39, 129; Lensfield 43; Remizov 46; M. Reel 47; FMC18 49; S. Burton Photography Ltd 54; R. Ernst 56; Lyd Photography 57; G. Insuratelu 61.1; Gimas 66/67; VanderWolf Images 77; G. Insuratelu 89; EQRoy 97; Fabianodp 104; Captblack76 106; POM POM 119; DejaVuDesigns 128; J Byard 131; L. Pajor 134; A. Ivanov 136/137; L. Pajor 141; P. J. Durieu 145; D. Obrien 151.1; M. Janus 151.2; fulcanelli 152; OLOS 155; M. Fearon 157; Nahlik 165; S. Zastavkin 166/167; 6015714281 184 – **www.nationalgallery.ie** 79

Herausgeber: GRÄFE UND UNZER VERLAG GmbH, Postfach 86 03 66, 81630 München
Leitender Redakteur: Benjamin Happel
Autorin: Cornelia Lohs
Verlagsredaktion: Gernot Schnedlitz (verantw.), Larissa Köpp, Silke Tauscher, Nadia Terbrack
Redaktion und Satz: Gudrun Raether-Klünker, Anja Linda Dicke, www.bintang-berlin.de
Bildredaktion: Iris Kaczmarczyk
Schlusskorrektur: Jessika Zollickhofer
Reihengestaltung: Independent Medien Design, Horst Moser, München; Eva Stadler, München
Kartografie: Kunth Verlag GmbH & Co. KG, München
Herstellung: Mendy Willerich
Druck + Bindung: Drukarnia Dimograf Sp z o.o. (Polen)

GRÄFE UND UNZER

Ein Unternehmen der
GANSKE VERLAGSGRUPPE

ISBN 978-3-95689-744-3
1. Auflage 2020

Leserservice
adac@graefe-und-unzer.de
Tel. 00800/72 37 33 33 (gebührenfrei in D, A, CH)
Mo–Do 9–17 Uhr, Fr 9–16 Uhr

Unterwegs in Irland

Öffentlicher Nahverkehr in Dublin

In Irland herrscht Linksverkehr. Das kann insbesondere in verkehrsreichen Städten wie Dublin eine echte Herausforderung sein. Lassen Sie Ihr Auto deshalb am besten einfach stehen, denn mit Dublin Bus, der Straßenbahn LUAS und der S-Bahn DART kommen Sie in und außerhalb der Stadt schnell von A nach B.

■ Details auf S. 71

Maut in Irland – M50 eFlow Barrier System

An der elektronischen Zahlstelle der M50 um Dublin ist die Bezahlung erst nach der Durchfahrt möglich – allerdings nicht direkt an der Mautstelle. Hier wird lediglich das Nummernschild Ihres Autos erfasst. Sie zahlen später online.

■ Wie die Bezahlung funktioniert, finden Sie auf S. 175

Mit iLink durch Nordirland

Die Smartcard »iLink« gewährt unbegrenzten Zugang zu Bussen und Bahnen von Metro, NI Railways und Ulsterbus. Wahlweise für einen Tag, eine Woche oder einen Monat.

■ Details unter www.ireland.com (Sucheingabe: iLink)

Fahrrad

Das gute Straßen- und Wegnetz lädt geradezu zum Radeln ein. Man kann einfach drauflosfahren, ohne vorher groß planen zu müssen. Leihräder, Tourvorschläge und organisierte Touren inkl. B&B gibt es bei West Ireland Cycling:

■ http://westirelandcycling.com/custom-bike-tour

Parkplätze

In Dublin und Cork gibt es in den Touristeninformationen kostenlose Parkplatzpläne (»parking map«).